AF533832

lebe.jetzt
LIEBE BEZIEHUNG SEX

Arne Hoffmann

Unterwerfung

Sich einem anderen Menschen ganz und gar ausliefern

Erotik-Ratgeber

lebe.jetzt Hardcover
Band 507
1. Auflage: Dezember 2018
2. Auflage: September 2021

Vollständige Buchausgabe
Originalausgabe

lebe.jetzt ist eine Marke von

Lektorat:
Marie Gerlich

Umschlaggestaltung: www.heubach-media.de
gesetzt in der Trajan Pro,
Adobe Garamond Pro & Corporate S

Printed in Germany
ISBN 978-3-86277-880-5
www.blue-panther-books.de

Inhalt

Liebe Leserin, lieber Leser,

wie kannst du auch als unterwürfiger Partner dazu beitragen, dass aus einem SM-Spiel ein berauschendes erotisches Erlebnis wird? Wie bringst du deine Wünsche am geschicktesten vor, ohne die Rolle des Sklaven zu verlassen? Worauf solltest du achten, um einen Partner zu finden, der Respekt vor deinen Bedürfnissen und Grenzen hat? Wie verhältst du dich am besten, wenn es mit deinem »Herrn und Gebieter« doch zu einem Konflikt kommt? Wie sorgst du im Verlauf eines SM-Spiels selbst für dein Wohlergehen? Und gibt es Situationen, in denen du dich auch um deinen Partner kümmern musst? Zu all diesen Fragen und vielen anderen wissenswerten Aspekten der lustvollen Unterwerfung liefert dir der vorliegende Ratgeber die nötigen Informationen. Mit seiner Hilfe erfährst du alles, was du unbedingt wissen solltest, bevor du dich einem anderen Menschen in erotischer Hinsicht auslieferst.

Gerade wenn du ein Anfänger in diesem Bereich bist, lernst du hier Schritt für Schritt, worauf es ankommt.

Dabei wird dieser Ratgeber auch einige Aspekte aufgreifen, die bereits im Einsteiger-Handbuch »Die ersten Schritte SM« enthalten sind, diese aber mit dem Schwerpunkt auf die Interessen des unterworfenen Partners vertiefen. Du bekommst hier also ausführlichere Tipps dazu, wie du dich vor entgleisenden Spielen oder sogar echter sexueller Gewalt schützen kannst.

Ich wünsche dir viel Spaß beim Lesen dieses Buches und dass es die erotischen Spiele, denen du dich hingibst, noch erfüllender macht. Du solltest nur jene Unannehmlichkeiten erleben müssen, zu denen du auch wirklich bereit bist.

In diesem Sinne:
Viel Spaß beim Lesen,
viel Spaß beim Ausprobieren!

Was finden viele so toll daran, unterwürfig zu sein?

Viele Menschen finden es noch nachvollziehbar, wenn jemand der dominante Partner bei erotischen Unterwerfungsspielen sein möchte. Einen begehrenswerten Menschen sexuell vollkommen zu seiner Verfügung zu haben, sich von ihm bedienen zu lassen und mit ihm machen zu können, was man möchte – das klingt nach einem echten Wunschtraum. Aber warum macht es vielen anderen Menschen Spaß, das alles mit sich anstellen zu lassen?

Ehrlich gesagt: Wirklich genau wissen wir das bis heute nicht. Es macht entsprechend veranlagte Menschen einfach scharf – so wie andere Menschen von einer breiten Männerbrust oder schlanken Frauenbeinen erregt werden. Um diese angenehmen Gefühle zu genießen, lässt man sich auch gern mal herumscheuchen oder misshandeln.

Trotzdem gibt es einige Aspekte bei der Unterwerfung, die sie vielleicht auch für jene nachvollziehbar machen, die emotional selbst nicht entsprechend orientiert sind. Beispielsweise empfinden es viele »Sklaven« als entlastend, einmal nicht der Chef sein zu müssen, sondern die Kontrolle darüber, was passiert, weitgehend aus der Hand geben zu können. Andere lieben den Tabubruch, der mit vielen solcher Aktionen verbunden ist, beispielsweise einem anderen Menschen die Füße zu küssen, vielleicht sogar in der Öffentlichkeit. Manche Sklaven empfinden es als enorm reizvoll, bei solchen Spielen mit Emotionen konfrontiert zu werden, die sie im Alltag nur selten erleben, etwa Ohnmacht und Scham.

Für viele gilt Unterwerfung unter einen anderen Menschen auch als besonders tiefgehender Ausdruck von Liebe und Hingabe. Wir kennen es vermutlich alle, dass wir jemanden so toll finden, dass wir ihn verehren und idealisieren und alles Mögliche für ihn tun würden. Nicht ohne Grund gibt es romantische Gesten wie den Kniefall des Mannes bei einem Heiratsantrag. Diese extreme Romantik mag in unserem pragmatischen Zeitalter zu einem Großteil verloren gegangen sein, aber in SM-Spielen wird sie wiederbelebt und verstärkt. Darüber hinaus kann es besonderes Vertrauen ausdrücken, wenn man sich vor jemand anderem verletzlich zeigt und sich gänzlich in seine Hände begibt. Unterwerfungsspiele sind insofern eine Extremform der Romantik.

Man kann aber auch ganz nüchtern an die Sache herangehen und argumentieren: Letzten Endes beruht alles auf biochemischen Reaktionen im menschlichen Körper. So haben Labortests mit Mäusen gezeigt, dass bei einer im Kampf verletzten Maus im Moment ihrer Unterwerfung (und erst dann) Endorphine und damit Lustgefühle freigesetzt werden. Endorphine werden auch in anderen Belastungssituationen ausgeschüttet, beispielsweise als Folge von starken Schmerzen. Wenn die Schmerzen also in einem erotischen Zusammenhang gespürt werden, können sie zur sexuellen Erregung beitragen – falls man zu jenen Menschen gehört, bei denen das gut funktioniert.

Worin bestehen die Aufgaben eines unterwürfigen Partners?

Man könnte die Frage nach deinen Aufgaben kurz und knapp damit beantworten, dass du den Anordnungen und Wünschen deines Partners zur Verfügung zu stehen hast. Wenn ein neues Schlaginstrument geholt oder ein benutztes gereinigt werden soll, wenn dein Herr etwas zu trinken haben oder seine Füße massiert haben möchte oder wenn er Lust hat, dich auszupeitschen, dann hast du ihm für all diese Dinge zur Verfügung zu stehen.

Aber wenn es so einfach ist, wenn also ein »Sklave« einfach nur die Kontrolle über das Spiel komplett an seinen Partner abgeben muss – wieso braucht man dann überhaupt einen eigenen Ratgeber für diese Unterwerfung? Es ist ja doch der Dominante, der das gesamte Spiel plant, der erklärt, wo's langgeht, und über alles entscheidet?

Um dieses Missverständnis zu vermeiden, habe ich im letzten Abschnitt davon gesprochen, dass man als Sklave die Kontrolle »weitgehend« – also nicht völlig – aus der Hand gibt. Objektiv betrachtet treffen sich, wenn du deinem »Herrn« oder deiner »Herrin« begegnest, zwei Menschen mit gleichen Rechten, die sich miteinander auf eine bestimmte Form der Beziehung einigen. Du machst das ja, weil du dir von dieser Beziehung etwas Bestimmtes versprichst. Wenn diese Erwartungen nicht erfüllt werden, dürfte das Ganze für dich reizlos sein. Andernfalls könntest du dich auch rein zufallsmäßig jedem x-Beliebigen unterwerfen.

Vielleicht sieht das Ganze in deinen erotischen Fantasien anders aus. Dort wirst du wirklich von einem strengen Menschen unterworfen, der dich dazu zwingt, die übelsten Dinge zu tun. Aber diese Fantasien werden von dem beeinflusst, was dich insgeheim reizt. Kein Unterwürfiger hat sexuelle Fantasien davon, zu Dingen gezwungen zu werden, die er entweder wirklich abstoßend findet oder die sein Lustzentrum völlig unberührt lassen (also beispielsweise es mit Leichen zu treiben oder zwölf Stunden lang Monopoly spielen zu müssen). Und vermutlich möchtest du auch nicht zu Dingen gezwungen werden, die ernsthaft riskant sind oder dich dauerhaft schädigen (zum Beispiel Sex auf dem Fensterbrett im vierzehnten Stock oder dir einen Finger abhacken lassen).

Ich habe hier Extrembeispiele gewählt, um etwas zu verdeutlichen: Die Lustfantasie von einem Partner, der sich uns einfach nimmt, um seine Lust zu befriedigen, ohne nach unseren Interessen zu fragen, bringt viele in Wallung. Und ein Satz wie »Mach mit mir, was du willst« hört sich scharf an. Es hat nur nichts mit der Wirklichkeit zu tun. Wenn du dich tatsächlich so verhieltest, würdest du verschiedene unnötige Risiken eingehen. Etwa dass du deinen Partner ratlos bei der Frage zurücklässt, was er am besten mit dir anstellt, damit das Ganze für dich auch ein geiles Erlebnis wird. Sobald er etwas tut, was dir *nicht* zusagt – meinetwegen dir ins Gesicht zu pinkeln – dann darf er sich auf die Reaktion einstellen:

»Aber doch nicht *das*, du perverses Schwein!« Oder dass du ihn dadurch frustrierst, dass du wirklich alles Mögliche mit dir anstellen lässt, ohne besondere Reaktionen zu zeigen – bis du urplötzlich feststellst, dass dir das alles echt keinen Spaß mehr macht, und die Beziehung abbrichst. Oder dass du solche Leute anziehst, die dich generell nicht als Menschen mit gleichen Rechten wahrnehmen und dich auf eine Weise missbrauchen, die dir alles andere als guttut. Ich kenne aus erster Hand mehrere Berichte von SM-Beziehungen, die sich zu Missbrauchsbeziehungen entwickelt haben, weil der Dominante dachte, er könnte seinem Sklaven wirklich jede Form von Gewalt antun, die ihm gerade durch den Kopf brauste.

Solange dir dein Partner also keinen echten Zwang antut – dich etwa gegen deinen Willen entführt oder gefangen hält – habt ihr beide gleichermaßen die Verantwortung dafür, dass euer Spiel miteinander besonders lustvoll wird.

Damit sind deine Hauptaufgaben als Unterwürfiger schon mal klar umrissen: Du solltest deine Wünsche und vor allem deine Grenzen kennen und solltest sie gegenüber deinem Partner klar kommunizieren können. Damit tust du nicht nur dir selbst, sondern auch deinem Partner einen Gefallen. Denn zum einen wird er dir – selbst wenn er ein Egoist wäre – schon deshalb entgegenkommen, um dich als Lover nicht zu verlieren. Zum anderen sind die meisten Liebhaber von dominantem Sex sehr an einem Partner interessiert, der eine eigene Haltung hat und entsprechend Feedback gibt. Andernfalls könnten sie es auch gleich mit einer Gummipuppe treiben.

Möglicherweise wendest du an dieser Stelle ein: »Hey, ich lese diesen Ratgeber, weil ich neu in dem Job bin! Ich habe kaum Erfahrung mit so was und deshalb weiß ich doch noch gar nicht, wo genau meine Grenzen verlaufen. Und einem anderen Menschen zu erklären, dass man von ihm gern als Möbelstück oder Haustier benutzt werden möchte, ist für einen Anfänger auch extrem schwer.«

Damit hättest du vollkommen recht. Sowohl ein Gespür für deine Grenzen als auch deine Fähigkeit, über solche Dinge zu sprechen, wird sich im Laufe der Zeit immer besser entwickeln. Du darfst auch jederzeit deine Meinung ändern – wobei es mehr und weniger elegante Wege gibt, das zu tun.

Für den Anfang reicht es aus, wenn du deinem Partner erst mal grob deine Fantasien schilderst, ihm sagst, was dir allgemein im Bett besonders viel Spaß macht, wovor du Angst hast und was du auf keinen Fall tun möchtest. Je mehr Hinweise du deinem Partner gibst, desto mehr erleichterst du es ihm, sich etwas auszudenken, wobei ihr beide auf eure Kosten kommt.

Denkbare Dinge, die du – je nach deinem Naturell – vielleicht lieber nicht zulassen möchtest, sind beispielsweise: das Zufügen von Schmerzen, bleibende Spuren wie blaue Flecken (oder Schlimmeres), Spiele mit Körperausscheidungen, die Berührung bestimmter Körperteile, das Anlegen von Knebeln, Spiele mit Atemkontrolle, der Konsum von Alkohol vor oder während des Spiels, besondere Empfindlichkeiten körperlicher Art (z. B. die Berührung des Geschlechtsorgans direkt nach dem Höhepunkt) oder aber seelischer Natur (z. B. Handlungen, die dich an üble Erfahrungen aus Kindheit oder Jugend erinnern und in dir deshalb heftige unangenehme Gefühle aufwirbeln würden).

Viele Anfänger bei Unterwerfungsspielen entscheiden sich dafür, anfangs die Grenzen besonders eng zu ziehen. Sie sagen sich: Mit etwas mehr Erfahrung und Selbstvertrauen können wir diese Grenzen ja nach und nach erweitern. Meiner Ansicht nach ist das eine sinnvolle Entscheidung. Lieber hält man sich bei Dingen etwas zurück, bei denen man das Risiko noch nicht ganz einschätzen kann, als von Anfang an in die Vollen zu gehen und zu hoffen, dass man, wenn die Sache schiefgeht, das körperliche oder seelische Trauma schon irgendwie überstehen wird. Du würdest dich ohnehin damit überfordern, gleich am ersten Abend reihenweise Extremsituationen durchzuprobieren. Lass dir die Zeit, Schritt für Schritt in das Ganze hineinzufinden.

Im Laufe der Zeit wirst du herausfinden, dass du Grenzen hast, die du ein bisschen verschieben kannst, und Grenzen, die unverrückbar sind. Eine verschiebbare Grenze kann etwas sein, das du wirklich nicht magst, das du aber im Notfall ertragen könntest – beispielsweise einen Stromstoß erhalten. Vor allem wenn du mehr auf seelische Demütigung als körperlichen Schmerz stehst, wirst du so etwas nicht wollen. Aber wenn der Schmerz nicht unerträglich stark ist, würdest du wohl damit fertig werden. Dein Partner kann eine solche Grenze also als Teil des Spiels benutzen. Er kann dich zum Beispiel damit bestrafen, wenn du wirklich »ungezogen« warst, oder damit drohen, um deine Angst und damit deine Erregung gezielt weiter in die Höhe zu peitschen.

Anders verhält es sich bei Grenzen, die du von Anfang an als unantastbar festlegst. Mit der Übertretung dieser Grenzen kann dich dein Partner nur schlecht bedrohen, weil er weiß, dass er bei Umsetzung dieser Drohung massiven Stress für eure gesamte Beziehung heraufbeschwören würde. Vielleicht würdest du komplett das Vertrauen in ihn verlieren und dich nie wieder mit ihm auf Unterwerfungsspiele einlassen. Das kann nicht in seinem Interesse sein.

Je klarer du also zum Ausdruck bringst, was für dich eine wirklich feste Grenze ist und wo ein bisschen Spielraum besteht, desto besser.

Viele Dominante betrachten es als besonders reizvolle Herausforderung, die weniger rigiden Grenzen ihres Partners wenigstens ein bisschen zu verschieben. Sie begründen das gern damit, dass sie ihrem Partner damit die Gelegenheit geben, ein wenig über sich hinauszuwachsen. Ich habe allerdings den Verdacht, dass der Hauptgrund hierfür schlicht erotischer Sadismus ist. Im Grenzbereich aktiv zu sein gibt vielen SM-Liebhabern nun mal einen intensiveren Kick, als sich immer nur in sorgsam abgezäunten Bereichen zu bewegen. Es hängt von deiner Persönlichkeit, deinem Partner und der konkreten Situation ab, wie du damit umgehst. Ein solches Grenzspiel kann beim

»leidenden« Partner ebenso gut zu einem Wutanfall führen wie zu der Reaktion, das dieses Spiel für ihn dadurch erst an Pfiff gewinnt.

Mit einem haben dominante Menschen, die sich gern so verhalten, recht: Die Grenzen des Unterwürfigen können sich tatsächlich verschieben, je mehr sie solche Spiele kennenlernen. Und zu dieser Entwicklung müssen sie erst mal die Gelegenheit haben. Vielleicht stellst du fest, dass etwas, das du ablehnst, weil du es völlig reizlos findest, dich plötzlich doch begeisterst, wenn du es ausprobierst. Es kann aber auch der umgekehrte Fall eintreten: Du denkst dir »Das krieg ich schon hin« und wenn ihr es dann probiert, geht irgendetwas derart schief, dass es sich für dich zu einer albtraumhaften Situation entwickelt. Später zieht sich alles in dir zusammen, wenn du nur an derartige Aktionen denkst. Also machst du von da an lieber einen Bogen darum.

Das sind also die grundlegenden Dinge, die von dir als Sklaven erwartet werden. Ein gern gesehener Bonus ist, dass du dich körperlich so fit hältst, dass dein Partner mit dir auch ein paar Dinge wagen kann, die ein bisschen belastender sind. Angemessen für Bewegung und nötigenfalls Flexibilität deines Körpers zu sorgen, auf ausreichend Schlaf zu achten und dich nicht mit Alkohol oder anderen Drogen vollzuballern, sollte reichen, damit du körperlich und emotional in der notwendigen Verfassung bist.

Wie teilst du deinem Partner am besten mit, was du magst und was nicht?

Es gibt bestimmte Fähigkeiten, die du entwickeln und verbessern solltest, damit du deinem Partner deine Grenzen besonders erfolgreich mitteilen kannst.

An erster Stelle steht hier, dass du selbst gut darüber Bescheid weißt, wie weit du belastbar bist und wann deine Belastbarkeit erschöpft ist. Während du hier vieles erst im Laufe eurer erotischen Spiele herausfinden wirst, solltest du dich von Anfang an so gut wie möglich darüber informieren, welche Risiken bei bestimmten SM-Spielen (zum Beispiel Auspeitschungen) bestehen, und wie du dich am besten davor schützen kannst. Je nach deinen speziellen Vorlieben dürftest du dazu einiges an Literatur im Handel und an kompetenten Websites im Internet finden. Mach dich so schlau wie möglich darüber, welche körperlichen oder emotionalen Schäden dir möglicherweise drohen und wie ihr beide diesen am besten vorbeugt.

Zweitens solltest du in der Lage sein, deine Bedenken und Schwächen so ehrlich wie möglich mitzuteilen, damit dein Partner darauf Rücksicht nehmen kann. Vielleicht ist es dir anfangs peinlich, über deine Ängste oder bestimmte körperliche Handicaps (z. B. nicht lange knien zu können) zu sprechen oder Fantasien zu schildern, die du allzu ungewöhnlich findest. Aber vielleicht gelingt es dir, im Laufe der Zeit immer mehr Mut und Vertrauen zu entwickeln, was solche Offenbarungen angeht.

Auch wenn du momentan wegen Belastungen, die nichts mit deinem Sexleben zu tun haben, besonders gestresst oder abgelenkt bist, sollte dein Partner darüber Bescheid wissen. Er kann sich dann besser erklären, warum du bei einem eurer Spiele ungewohnt empfindlich oder geistesabwesend wirkst, und weiß, dass das nichts mit seiner Art, dich zu misshandeln, zu tun hat. Vermutlich wird er euer Spiel dann auch entsprechend anpassen.

Wenn dein Partner nicht alle nötigen Informationen hat, steigt das Risiko, dass euer Spiel schiefgeht. Es ist für ihn ohnehin schon schwer genug, mit den intimsten Wünschen und Ängsten eines anderen Menschen so zu arbeiten, dass daraus kein Fiasko, sondern eine lustvolle Erfahrung für beide wird. Je mehr Hinweise du ihm gibst und je klarer du formulieren kannst, was in dir vorgeht, desto höher werden eure Chancen, dass sich euer Spiel erfreulich entwickelt.

Damit du dich so verhalten kannst, ist es vor allem wichtig, darauf zu vertrauen, dass deinem Partner dein Wohlergehen und dein Spaß an Unterwerfungsspielen am Herzen liegen. Ist das der Fall? Wenn nicht, hast du ein viel grundlegenderes Problem – und möglicherweise den falschen Partner. Ich werde dir weiter unten noch erklären, wie du ein besseres Gespür dafür entwickeln kannst, ob dein Partner gut für dich ist. Aber wenn du deinem Partner vertraust, solltest du auch fähig sein, dich ihm zu öffnen und ihm mitzuteilen, was in dir vorgeht.

Dabei würde es eurem Vergnügen helfen, wenn du es schaffst, diese Dinge anzusprechen, ohne aus deiner Rolle als Sklave zu fallen. Dazu gibt es im Wesentlichen zwei Möglichkeiten, die sich nicht gegenseitig ausschließen, sondern auch gemeinsam erfolgen können. Die eine besteht darin, dass du und dein Partner vor dem Beginn deiner Unterwerfung einvernehmlich klärt, was für dich auf keinen Fall geht und was du dir wünschen würdest. (Dein Partner ist bei SM-Spielen natürlich kein Wunscherfüller, aber er kann dir schon mal etwas gönnen, was du gern hast.) Vielleicht wollt ihr für ein solches Gespräch auf gleicher Augenhöhe sogar einen Ort finden, wo ihr nicht miteinander spielt, also zum Beispiel ein Bistro oder einen Spaziergang statt eure Wohnung.

Nach dem Gespräch nehmt ihr die Rolle von Herr und Sklave ein. Und nach diesem Spiel besprecht ihr wieder, was gut funktioniert hat und was nicht.

Die Alternative zu dieser Methode besteht darin, dass du auch während eures Spiels deine Wünsche und Bedenken äußerst, aber eben aus deiner Rolle als Sklave heraus und damit auf entsprechend unterwürfige Weise. Du *bittest* deinen Partner also demütig darum, auf deine Empfindlichkeiten Rücksicht zu nehmen. Du äußerst nicht kontinuierlich Kritik daran, wie er sich verhält – vielleicht auch noch in schnippischem oder belustigtem Tonfall oder in der Gegenwart von anderen Leuten. Du versuchst nicht, das Spiel aus deiner Position heraus zu steuern (sogenanntes »Topping from the Bottom«), etwa indem du offene oder versteckte Anweisungen gibst, was als Nächstes geschehen sollte. Du fängst nicht an zu schmollen, wenn du deinen Kopf nicht durchsetzen kannst. Und du verhältst dich auch nicht gezielt aufsässig oder provokativ, damit dein Partner dich etwas härter anpackt.

All diese Verhaltensweisen werden von dominanten Menschen ungern gesehen, weil sie bei solchen Spielen nicht dazu manipuliert werden möchten, bestimmte Dinge zu tun. Auf diese Weise würdest du ihren Spaß am Spiel mindern – aber auch deinen eigenen. Der Reiz von Unterwerfungsspielen besteht für Unterwürfige ja gerade darin, dass man die Kontrolle darüber, was passiert, an jemand anderen abgibt und sich darauf konzentriert zu empfinden, was dabei mit einem geschieht.

Wenn du deinen Partner aber einfach nur darum bittest (oder – wenn du darauf stehst – anflehst), sein Verhalten zu ändern, belässt du die Macht bei ihm. Er kann dann seinerseits in seiner Rolle als dein Herr und Gebieter bleiben und »entscheiden«, ob er dir seine Gnade erweist oder nicht. Vielleicht wird er das nur begrenzt tun. Oder nur auf eine bestimmte Weise, die immer noch belastend für dich ist, die du aber gut aushalten kannst. Oder nur wenn du dafür etwas anderes für ihn tust – z. B. eine bestimmte unangenehme Aufgabe erledigst oder ihm aus Dankbarkeit die Füße küsst.

Dankbarkeit, wenn dein Partner deinen Wünschen entgegenkommt – und zwar mehr als in einer normalen Partnerschaft – ist etwas, was du ohnehin entwickeln solltest. Häufig stecken Dominante ja einiges an Planung, Vorbereitung und so weiter in ein solches Spiel, dem du dich dann hingeben kannst. Und jeder Dominante freut sich, wenn dieser Einsatz durch Dank in Wort und Tat entsprechend gewürdigt wird.

Du kannst diese Dankbarkeit in eurem Gespräch auch nach vorn ziehen. Du würdest deinem Partner also erst schildern, was du an seiner Art, dich zu beherrschen, besonders toll und gelungen findest, und wovon du gern noch etwas mehr hättest.

Vielleicht fällt es dir anfangs schwer, einen ausreichend unterwürfigen Tonfall zu finden, in dem du deine Bitten äußerst. Aus allen anderen Situationen deines Alltags bist du ja gewohnt, so etwas selbstbewusster zu tun. In diesem Fall kann es dir helfen, dich gezielt in einen Zustand der Unterwürfigkeit hineinzubegeben, etwa indem du dich erst mal für eine Viertelstunde in entsprechende Gedanken und Fantasien versenkst. Identifiziere dich voll mit deiner momentanen Rolle als »Sklave«. Teile deinem Partner erst dann deine Anliegen mit.

Hilfreich ist es, wenn du deinem Partner erklären kannst, warum eine bestimmte Sache für dich ein No-Go darstellt. Gut, manchmal weißt du es selbst nicht genau. Du findest zum Beispiel Spiele mit

Atemkontrolle einfach gruselig oder bist dir sicher, es nervlich nicht zu überstehen, wenn du als nackte Sklavin vor anderen Leuten vorgeführt wirst. Aber manchmal kannst du vielleicht erklären, weshalb du dich auf ein bestimmtes Spiel lieber nicht einlassen möchtest. Wenn du das erklären kannst, zeigst du deinem Partner damit, dass du nicht einfach nur aufsässig oder zickig bist. Du hilfst ihm außerdem, besser zu verstehen, wie du tickst. Er kann sich dann leichter denken, dass bestimmte andere Spiele mit ähnlichen Elementen vermutlich auch nichts für dich wären. Oder er kann sich eine Möglichkeit überlegen, seinen Wunsch doch noch umzusetzen, aber auf leicht veränderte Weise, nämlich ohne jenen Aspekt, von dem du überzeugt bist, ihn nicht tolerieren zu können.

Wenn du auf diese Weise vorgehst, bleibst du in der Position des unterwürfigen, minderwertigen Sklaven. Du spielst nicht den Chef, der Regieanweisungen gibt und deinem Gebieter erklärt: »Folgende Dinge schlag dir mal von Anfang an aus dem Kopf …« Stattdessen machst du dich selbst weiter klein, indem du erklärst, dass du bestimmte Dinge leider nicht fertigbringst, weil du zu ängstlich bist oder zu empfindlich oder dich zu sehr schämst.

Dasselbe Dich-Kleinmachen funktioniert, wenn du deinem Herrn gegenüber deine Wünsche äußerst. Statt wie im Restaurant deine Bestellung aufzugeben, kannst du jedes Mal, wenn du um etwas bittest, hinzufügen, dass du dich selbst dafür schämst, so geil, pervers oder unverschämt zu sein. Dein Partner dürfte schnell darauf einsteigen und dich mit der gebührenden Verachtung für deine Wünsche strafen, während er sie dir erfüllt. Das mag sich albern anhören, aber etliche Dominas arbeiten auf genau diese Weise.

Es kann deinem Partner auch helfen, wenn du ihm erklärst, wie bestimmte Wunschfantasien in dir entstanden sind. Hattest du sie schon immer oder hegst du sie zumindest seit langen Jahren? Das ist ein wichtiger Hinweis darauf, dass dir diese Wünsche wichtig sind. Bist du auf einen bestimmten Einfall durch einen Porno, einen Ratgeber oder eine Website gekommen? Dann weise deinen Herrn darauf hin. Wenn er möchte, kann er sich intensiver damit beschäftigen und auf dieser Grundlage eine Szene entwickeln, die seine oder deine Bedürfnisse noch besser erfüllt als dein bloßer Vorschlag allein.

Mit etwas Geschick schaffst du es vermutlich auch, das Nennen deiner Grenzen und deiner Wünsche miteinander zu verbinden. Angenommen, dein Partner möchte dich beispielsweise im durchsichtigen Shirt, mit Halsband, winzigem Rock und Netzstrümpfen durch die Fußgängerzone marschieren lassen. Du weißt, dass du das nicht über dich bringen könntest, weil du dabei ständig Angst hättest, Bekannten zu begegnen. Gleichzeitig merkst du, dass dein Partner die Fantasie, dich auf diese Weise öffentlich vorzuführen, wirklich scharf findet. Kannst du ihm dann vielleicht vorschlagen, dieselbe Aktion in einer Stadt durchzuführen, die zwei Stunden Autofahrt entfernt liegt, dich daher garantiert niemand kennt? Oder würde es vielleicht schon helfen, ein Shirt zu wählen, das nicht durchsichtig ist? Mit solchen Lösungsangeboten trägst du jedenfalls mehr zu eurem gemeinsamen Vergnügen bei, als wenn du einen Befehl deines Herrn als Ganzes wahrnimmst und lediglich erklärst: »Nö. Da kann ich gar nicht drauf.«

Worauf solltest du bei deinem ersten Treffen mit einem möglichen Partner achten?

Angenommen, du hast über das Internet oder auf anderem Wege einen Menschen kennengelernt, der dominant und so wie du auf der Suche nach einem neuen (Spiel-)Partner ist. Ihr habt schon ein paar

Mails miteinander ausgetauscht und grundsätzlich Interesse aneinander gefunden. Du könntest dir zumindest vorstellen, dass dieser Mensch zu dir passt. Bei ihm sieht es genauso aus. Deshalb verabredet ihr euch zum ersten Mal, um euch noch ein bisschen besser kennenzulernen. Worauf solltest du bei diesem Treffen achten?

Bei dieser Überlegung sind vor allem zwei Aspekte wichtig: Wie sollte dieses Treffen ablaufen, damit dir dabei nichts passiert? Und wie gewinnst du dabei eine möglichst realistische Einschätzung über deinen potenziellen Partner?

Die erste dieser Fragen, die den Sicherheitsaspekt betrifft, gehst du vermutlich unterschiedlich an, je nachdem ob du ein Mann oder eine Frau bist. Wahrscheinlich ist dein Bedürfnis nach Sicherheitsmaßnahmen, wenn du weiblich bist, deutlich höher. Selbstverständlich können auch Männer Opfer sexueller Gewalt werden. Insbesondere wenn du gefesselt und geknebelt bist, hilft dir eine größere Körperkraft nicht viel.

Aber auch, wenn man solche Geschlechterfragen beiseitelässt, ist deine Risikobereitschaft abhängig von deinem Naturell. Bei den folgenden Tipps gehe ich davon aus, dass du ein hohes Interesse daran hast, dich zu schützen. Wenn du den ein oder anderen Ratschlag allzu paranoid findest oder dir unwohl dabei ist, deinen möglichen Partner wie einen potenziellen Schwerverbrecher zu behandeln, kannst du diesen Tipp ja einfach überspringen. Dann sollte dir aber auch bewusst sein, dass du einem Restrisiko damit mehr Spielraum lässt. Das bedeutet nicht, dass du im Fall eines Übergriffes selbst Schuld daran hättest – die Schuld trägt immer der Täter –, sondern dass du dir vorher gut überlegen solltest, welches Maß an Vorsicht du für sinnvoll hältst.

Empfehlen würde ich in jedem Fall, den Sicherheitsaspekt nicht zu überspringen, auch wenn deine erotischen Wunschfantasien, deine Nervosität, der Gedanke daran, wie du auf diesen Menschen wirken könntest, und zig andere Dinge sich mehr in den Vordergrund deines Denkens schieben dürften. Wisch solche Überlegungen auch nicht nur deshalb beiseite, weil dein potenzieller Partner am Telefon oder per Mail einen so großartigen Eindruck auf dich gemacht hat. Fakt ist: Es ist eure erste Begegnung und du kennst ihn noch immer so gut wie gar nicht.

Euer allererstes Treffen sollte sinnvollerweise an einem öffentlichen Ort stattfinden – am besten einem, an dem du dich wohlfühlst oder zumindest gut auskennst. Solang ihr euch unter vielen Menschen befindet, ist das Risiko eines Übergriffes minimal. Wenn du besonders vorsichtig sein willst, kannst du zuerst mal einen guten Freund mitbringen, damit er dein Date ebenfalls kennenlernt. Aber ich gebe zu, dass diese Maßnahme schon sehr misstrauisch wirkt und dem Entstehen einer romantischen oder erotischen Stimmung stark abträglich ist.

Du triffst dich mit deinem möglichen Partner an eben jenem Ort und lässt dich nicht von ihm an deiner Wohnung abholen oder nach dem Treffen dorthin bringen. Andernfalls könntest du dich mit deinem Date auch gleich in deiner Wohnung treffen. Selbst wenn du dir fest vorgenommen hast, ihn vor deiner Tür zu empfangen – wie willst du damit umgehen, wenn er behauptet, viel Kaffee getrunken zu haben und ganz dringend deine Toilette benutzen zu müssen? Wenn du nicht grob unhöflich sein willst, hast du ihn schon in deiner Wohnung.

Unglücklich ist es auch, wenn du allein nicht wieder zu deiner Wohnung zurückkommst – etwa weil du mit einem öffentlichen Verkehrsmittel zu dem Treffen gekommen bist, ihr euch verquatscht habt und dann kein Bus mehr zu dir zurückfährt. Wenn du in das Auto eines Fremden steigst, hält ihn wenig davon ab, dich stattdessen zum Beispiel in ein abgelegenes Waldstückchen zu bringen. Und wenn er dort plötzlich einen ersten körperlichen Kontaktversuch mit dir unternimmt, bist du in einer ganz blöden Situation. Es kann zum Beispiel sein, dass du dich scheinbar »freiwillig« darauf einlässt, nur um keinen Streit zu provozieren und mitten im Wald ausgesetzt zu werden. Danach bist du dir womöglich sogar selbst nicht sicher, ob du gerade vergewaltigt worden bist oder nicht.

Auf genauso eine Situation kann es dein Date durchaus angelegt haben. Während die wenigsten Dominanten Psychopathen und Gewaltverbrecher sind, finden sich unter ihnen durchaus Menschen, die andere Leute gern manipulieren. Vielleicht ist dem betreffenden Menschen, der so etwas mit dir anstellt, selbst gar nicht richtig klar, dass er dich damit zu Sex nötigt, obwohl du noch gar nicht bereit dazu bist.

Um auf unerwartete Entwicklungen reagieren zu können, hilft es außerdem, wenn du dein Handy dabeihast.

Bei diesem ersten öffentlichen Treffen bleibst du möglichst nüchtern und lässt deinen Drink nicht unbeobachtet stehen. Die Gefahr, dass dir jemand heimlich eine sogenannte »Vergewaltigungsdroge«

wie Rohypnol in dein Getränk schüttet, ist nicht riesig, aber auch nicht auszuschließen. Du lässt auch nichts unbeobachtet auf dem Tisch liegen, was einem Fremden die Möglichkeit gibt, an deine Adresse zu kommen. Er bringt dich auch nicht zu deinem Auto. Sinnvoller ist es, wenn du ihn zu seinem Auto bringst (solange es nicht an einem dunklen, schwer einsehbaren Ort geparkt ist) und mit deinem Handy vielleicht eine Aufnahme des Nummernschildes machst. Du kannst dein Date auch bitten, eine Kopie seines Führerscheins mitzubringen und dir zu geben.

Der Vorteil der zuletzt genannten Maßnahmen ist klar: Du versorgst dich so mit Informationen, die zuverlässig sein sollten und die du zum Beispiel bei einem Vertrauten hinterlassen kannst, wenn du dich mit deinem Date zum ersten Mal in seiner Wohnung triffst.

Der Nachteil ist, dass du damit wirkst, als wärst du auf einem kriminalpolizeilichen Einsatz statt auf einem Treffen, das gegenseitiges Vertrauen herstellen soll.

Allerdings gibt dir ein solches scheinbar eigentümliches Verhalten die Möglichkeit zu sehen, wie dein potenzieller Lover darauf reagiert. Verunsicherst du die betreffende Person damit, wird sie sogar ärgerlich und vorwurfsvoll? Das spräche eher dagegen, dass du es mit jemandem zu tun hast, dem wirklich wichtig ist, dass du dich ganz sicher fühlst. Wenn sich eine potenzielle Spielpartnerin, die sich mit mir trifft, so verhielte, wäre ich zwar einerseits amüsiert (von sich selbst weiß man ja, dass man harmlos ist) und würde vielleicht ein paar flapsige Bemerkungen machen. Ich hätte aber auch sofort größeren Respekt vor ihr, weil sie damit zeigt, dass sie die Sache ernst nimmt und gut auf sich aufpassen kann. Solange du durch dein gesamtes anderes Verhalten okay wirkst, sollte kein verantwortungsbewusster Mensch auf den Gedanken kommen, dass du allein wegen eines hohen Sicherheitsbedürfnisses besonders überspannt wärst.

Aus der Perspektive hoher Sicherheit ist es jedenfalls sinnvoll, wenn du nach eurem ersten Treffen allein nach Hause fährst und dir dort noch mal alles in Ruhe durch den Kopf gehen lässt beziehungsweise die Informationen, die du über diesen Menschen gewonnen hast, an einer geeigneten Stelle hinterlegst. Solltest du dich dafür entscheiden, wäre es allerdings fair, dass sich auch dein Date darüber im Klaren ist, dass du nicht vorhast, dich ihm direkt im Anschluss an dieses Treffen sexuell hinzugeben. Wenn sich die betreffende Person entsprechende Hoffnungen macht und du ihr erst während eures Kerzenlicht-Dinners beibringen musst, wie es sich tatsächlich verhält, versaust du damit schon ein bisschen die Stimmung. Je klarer deinem Date ist, dass zumindest bei dieser Begegnung nichts laufen wird, desto erfolgreicher verhinderst du, dass die betreffende Person dann doch noch versucht, dir näher zu kommen.

Ich habe schon angesprochen, wie viel dir die Reaktionen deines Dates auf dein Bedürfnis nach Absicherung über seinen Charakter verraten können. Damit kommen wir zum eigentlichen Nutzen dieses ersten gegenseitigen Abcheckens: Du möchtest besser herausfinden, mit was für einem Menschen du es hier zu tun hast.

Dabei müssen deine Erkundigungen nicht erst mit dieser Verabredung beginnen. Du weißt ja schon vorher einiges über den Betreffenden und kannst anfangen, ein bisschen zu googeln. Verfügt er über eine Facebookseite? Wie sehen die sozialen Kontakte zu anderen Menschen aus? Äußert er sich in irgendwelchen Diskussionsforen oder auf Twitter? Wie tritt er dort auf: souverän und sympathisch oder gereizt und unberechenbar? Was kannst du sonst über diese Person herausfinden?

Mit etwas Glück findest du einige Dinge, die dich interessieren und neugierig machen. Darauf kannst du dein Date bei eurem ersten Treffen ansprechen und nachfragen. Ja, dabei musst du offenlegen, dass du vorab schon ein bisschen recherchiert hast. Ich wüsste aber nicht, warum dir das peinlich sein sollte. Meiner Einschätzung nach ist das schon bei vielen »normalen« Verabredungen in Sachen Partnersuche Standard – und bei dir geht es darum herauszufinden, ob du dich diesem Menschen komplett ausliefern, dich von ihm fesseln und misshandeln lassen kannst. Wenn er kein Verständnis dafür hat, dass du ihn vorher so gut wie möglich abklopfst, stimmt etwas nicht.

Folgende Fragen könntest du deinem Date zum Beispiel stellen:

- Wo verläuft seiner Ansicht nach die Grenze zwischen erotischer Unterwerfung und sexueller Gewalt oder Missbrauch? Gibt es eine grundlegende Moral, nach der er sich bei solchen Aktionen richtet? (Allein darüber könntet ihr euch eine Stunde lang unterhalten, wenn ihr Lust darauf habt.)

- Welche SM-Spiele möchte er mit dir spielen? Welche Erfahrungen hat er damit bereits gesammelt? Wie will er es auffangen, wenn es ihm bisher an Erfahrung mangelt?

- Wie will er sicherstellen, dass du keine echten Schädigungen erleidest?

- Woran erkennt er, dass du die Grenze deiner Belastbarkeit erreicht hast?

- Wie sehr ist er bereit, deine festen und weniger festen Grenzen zu akzeptieren?

- Was erwartet er von dir bei euren Spielen beziehungsweise in eurer Beziehung insgesamt? Hat er deine Vollzeitversklavung im Kopf oder nur zum Beispiel ein unterhaltsames Treffen im Monat?

- Möchte er bestimmte Regeln festlegen, also zum Beispiel einen »Sklavenvertrag« mit dir aufsetzen oder vereinbaren, dass du für ein bestimmtes Fehlverhalten auf bestimmte Weise bestraft wirst?

- Wie würde er damit umgehen, wenn es dir nach einem eurer Spiele emotional sehr schlecht geht?

- Was genau erwartet er von dir als seinem Sklaven?

- Wie unterscheidet er sich seiner Einschätzung nach von anderen Dominanten?

- Wie hat er überhaupt seine dominante Seite entdeckt? Was hat ihn an dieser Form von Sex besonders gereizt?

- Wo sieht er noch Schwächen bei sich? Wie möchte er damit umgehen?

- Kann er dir ein bisschen von seinen früheren SM-Erfahrungen erzählen? Gab es besonders gelungene Spiele? Besonders ungewöhnliche? Solche, die spektakulär schiefgegangen sind? Was hat er daraus gelernt? Was möchte er unbedingt ausprobieren, welche Techniken möchte er gern mal versuchen? Was sind seine erotischen Lieblingsfantasien?

Ja, das sind alles keine einfachen Fragen, aber der dominante Partner bei solchen Spielen zu sein ist schließlich auch eine verantwortungsvolle Aufgabe, die zwangsläufig erfordert, dass man sich einige Gedanken darüber macht. Viel mehr als mangelnde Erfahrung würde mich abschrecken, wenn sich jemand, der dich unterwerfen will, bislang höchstens ansatzweise mit solchen Fragen beschäftigt hat.

Es hilft allerdings, wenn du darauf vorbereitet bist, dass dein Gesprächspartner den Spieß umdreht und fragt: »Und wie ist das bei dir?«

Nach und nach solltest du so jedenfalls ein immer plastischeres Bild von diesem Menschen erhalten. Schon dadurch, ob er sich als der unfehlbare Super-Herrscher inszeniert oder eher nachdenklich und aufgeschlossen wirkt, verrät dein Gesprächspartner vieles. Im nächsten Schritt geht es für dich darum, einzuschätzen, wie glaubhaft er für dich ist. Er kann dir ja viel erzählen – aber kannst du zumindest einen Teil davon überprüfen? Welche anderen SMer kennt er? Ist er irgendwie in die deutsche SM-Szene eingebunden? Gibt es jemanden, der dir bestätigen kann, dass du bei ihm in guten Händen bist – idealerweise ein früherer devoter Partner? Ist er vielleicht sogar souverän genug, dir Kontakt zu einem Ex zu verschaffen, mit dem das SM-Spiel gescheitert ist, damit du die Möglichkeit hast, daraus etwas für eure kommenden Aktionen zu lernen?

Es ist nicht so, dass diese Person für dich als Partner ausscheiden würde, wenn sie nicht sämtliche Tests mit Eins plus besteht. Stattdessen geht es vor allem darum, einen möglichst genauen Eindruck von ihr zu gewinnen, damit du entscheiden kannst, ob du genug Vertrauen aufbringst und ob ihr überhaupt zueinander passt.

Was Letzteres angeht, solltest du vielleicht daran denken, dass das Leben nicht nur daraus besteht, sich fesseln und auspeitschen zu lassen. Natürlich kannst du all die Fragen stellen, die man auch sonst einem Menschen stellen würde, den man als Partner in Betracht zieht.

Dazu gehört übrigens auch eine Frage, an die du vielleicht gar nicht denkst – nämlich, ob dein Date überhaupt Single ist. Normalerweise klänge diese Frage bei Kennenlern-Treffen weit hergeholt. Aber wenn jemand generell für erotische Seitenpfade wie SM-Aktionen aufgeschlossen ist, gilt das vielleicht auch für andere. Womöglich lebt er in einer offenen Beziehung und sein Partner, der selbst kein SMer ist, erlaubt ihm, sich für derlei Bedürfnisse anderweitig umzusehen. Oder dein Date tut das ohne das Wissen seines Partners, um seine geheime Lust ausleben zu können. Jedenfalls

- ☐ Bitte schicken Sie mir die kostenlose Internet-Story »Gehorche Sklavin« ausgedruckt per Post an meine folgende Adresse.
- ☐ BUCH-ABO / E-BOOK-ABO: Sie erhalten jedes neue Buch versandkostenfrei direkt und unverbindlich zugeschickt und zahlen bequem per Lastschrift oder Rechnung.
  Bei Nichtgefallen können Sie es einfach zurückschicken!
  Dies ist kein Club, kein Kaufzwang!

☐ Herr ☐ Frau

Name, Vorname

Straße, Hausnummer

PLZ, Ort

Land | Geburtsdatum

E-Mail (für aktuelle Informationen)

Wie haben Sie von diesem Buch erfahren?

Wo haben Sie dieses Buch gekauft?

Infos zur Datenverarbeitung unter: blue-panther-books.de/de/datenschutz.html

Arne Hoffmann - Unterwerfung | 2. Auflage | AH3 | 507

Bitte freimachen falls Marke zur Hand

Antwort

blue panther books
Osterfeldstr. 12-14 | Haus 1 | Nord
22529 Hamburg
Deutschland / Germany

solltest du frühzeitig informiert sein, ob da noch jemand Drittes im Spiel ist.

Manchen Dominanten gefällt es auch, mehrere Sklaven parallel zueinander zu halten – ein weiterer Grund nachzufragen, ob du der einzige Spielpartner für dein Date wärst.

Abgesehen davon solltest du immer nicht nur darauf achten, welche Antworten dir diese Person gibt, sondern auch darauf, wie sie auf deine Fragen, Bedenken und Unsicherheiten eingeht. Nimmt sie dich damit ernst oder versucht sie vor allem, sich selbst als großartig darzustellen? Macht sie den Eindruck, dass sie weiß, wovon sie spricht? Fühlt sie sich durch deine Wissbegier verunsichert oder bedroht? Antwortet sie nur ausweichend, wirkt sie verärgert oder blockt sie manche deiner Fragen in arroganter Weise ab? Oder hast du den Eindruck, von diesem Menschen noch etwas lernen zu können? Respektiert er dich und deine Meinung? Entwickelt sich zwischen euch ein angeregtes Gespräch, in dem du dich ernst genommen fühlst? Fühlst du dich in seiner Gegenwart wohl? Kannst du Vertrauen zu ihm entwickeln?

Die hauptsächliche Herausforderung bei diesem Treffen besteht also für dich darin, all diese Fragen halbwegs im Kopf zu behalten und den Mut zu haben, sie auch zu stellen. Aber es gibt noch eine zweite Herausforderung: Du solltest eure Unterhaltung nicht führen wie ein Vorstellungsgespräch mit einem Bewerber für einen Job oder gar wie ein Verhör. Denk dran, dass du dich von diesem Menschen immer noch beherrschen lassen möchtest. Insofern solltest du nicht eine Frage nach der anderen abschießen, sondern diese Fragen nach und nach ganz elegant in eure Unterhaltung einfließen lassen. Andernfalls wirkst du so, als würdest du im Spiel später gern bestimmen wollen, wo es langgeht, und das kann auf viele dominante Menschen durchaus abschreckend wirken.

Welche Warnsignale zeigen, dass ein dominanter Partner wenig Vertrauen verdient?

Während dir die richtigen Fragen bei eurer ersten Verabredung durchaus helfen, ein genaueres Bild von deinem potenziellen Partner zu gewinnen, offenbart sich vieles doch erst durch sein Verhalten im Unterwerfungsspiel. Da aber die Einschätzung von dominanten Menschen gerade Thema ist, spreche ich diese Aspekte trotzdem hier schon an. Schließlich schadet es nichts, wenn du sie schon so früh wie möglich im Hinterkopf hast.

Verschiedene Verhaltensweisen weisen darauf hin, dass die betreffende Person einen hohen narzisstischen Persönlichkeitsanteil besitzt und dir vermutlich nicht guttut, sondern dich auf eine Weise leiden lässt, zu der du nicht eingewilligt hast. Manche Narzissten versuchen, ihre zerstörerische Persönlichkeit zu verbergen, indem sie sie als »natürliche Dominanz« ausgeben und behaupten, in der unterwürfigen Position müsstest du dieses Verhalten akzeptieren, wenn nicht sogar bewundern. Aber tatsächlich gelten hier dieselben Regeln wie bei allen anderen Beziehungen.

Problematisch auch bei einem dominanten Partner sind Dinge wie diese:

- Ihm sind deine Wünsche, Gefühle und Bedürfnisse ziemlich egal.

- Er beachtet deine Grenzen und Tabus überhaupt nicht.

- Er nötigt dich immer wieder zu Dingen, die du wirklich nicht tun möchtest.

- Er ignoriert es, wenn du ein Safeword äußerst. (Auf diese Technik kommen wir weiter unten noch zu sprechen.)

- Er wird ohne dein Einverständnis mit dir intim.

- Er verlangt komplette Unterwerfung von dir, obwohl ihr euch kaum kennt.

- Er schüchtert dich auch außerhalb eures vereinbarten Spiels ein.

- Du hast Angst vor ihm, statt ihm zu vertrauen, und hast bei ihm das Gefühl, ständig über brüchiges Eis zu gehen.

- Er erweckt in dir ernsthaft das Gefühl, minderwertig oder ein Versager zu sein.

- Er putzt dich ohne dein Einverständnis auch vor anderen herunter.

- Er kann sich außerhalb seiner Rolle nicht mit dir unterhalten, insbesondere niemals »Danke« oder »Entschuldige bitte« sagen.

- Er reagiert häufig mit Wut, wenn etwas nicht nach seinem Kopf geht.

- Er gibt immer anderen die Schuld, wenn etwas misslingt.

- Er will dir Schuldgefühle einreden, weil du nicht unterwürfig genug wärst.

- Er droht, dich zu verlassen, wenn du nicht alles tust, was er verlangt.

- Er droht dir echte Gewalt an, wenn du nicht alles tust, was er verlangt.

- Er versucht, dich sozial zu isolieren – gegenüber deinem bisherigen Freundeskreis oder auch gegenüber der SM-Szene. Womöglich gibt es in dieser Szene nämlich Menschen, die seinen schlechten Ruf kennen oder seine manipulativen Manöver durchschauen.

Zusammengefasst: Einem dominanten Partner, der deine Unterwerfung verdient hat, liegt es am Herzen, dass es dir in eurer Beziehung wirklich gut geht. Er tut vieles dafür, damit das so ist. Du fühlst dich bei ihm zufrieden und geborgen. Wenn es Meinungsverschiedenheiten oder andere Schwierigkeiten zwischen euch gibt, verhandelt er mit dir als gleichberechtigtem Gesprächspartner, wie ihr weiter vorgehen wollt. Ein dominanter Partner, vor dem du dich hüten solltest, ist jemand, der allein seine Meinung und sein Vergnügen durchsetzen möchte, auch wenn er dich dabei überrollt.

Kannst du deinen jetzigen Partner dazu manipulieren, dich zu unterwerfen?

Wenn du diesen Ratgeber liest, bist du vielleicht gar nicht auf Partnersuche. Stattdessen befindest du dich in einer festen Beziehung, aber dein Partner steht nicht auf SM-Spiele und weiß vielleicht noch nicht einmal von deiner Neigung. Gibt es irgendwelche Tricks, mit denen du ihn dazu bringen könntest, dich zu unterwerfen?

Wenn du dich mit solchen Gedankenspielen beschäftigst, schwebt dir vielleicht eines dieser beiden Szenarien vor: Erstens, deinen Partner so lange zu reizen, bis er irgendwann aggressiv reagiert und dir deine Grenzen zeigt. Im anderen Gedankenspiel würdest du deinen Partner nach und nach immer mehr verwöhnen: ihn zum Beispiel bekochen und bedienen und ihm ein heißes Bad einlassen, ihn massieren und ihm danach sexuell zur Verfügung zu stehen, wobei nur seine Befriedigung eine Rolle spielt und du auf deinen eigenen Orgasmus verzichtest. Du denkst, wenn du das ausdauernd genug tust, spielt sich das dermaßen ein, dass dein Partner Gefallen daran findet und sich diese Form der Partnerschaft normalisiert.

Ich kenne keinen einzigen Fall, in dem es gelungen ist, mithilfe einer dieser beiden Methoden eine SM-Beziehung herbeizuführen: bei keinem meiner Bekannten aus der Szene, bei keinem Interviewpartner für eines meiner Bücher und auch nicht aus der Literatur. Wenn man etwas länger darüber nachdenkt, kann man leicht erschließen, warum das so ist.

Würdest du die erste Strategie verfolgen, wäre das Ergebnis Aggression bei deinem Partner. Wie ich aber auf den vorangegangenen Seiten erklärt habe, besteht zwischen Aggression und erotischer Unterwerfung ein gewaltiger Unterschied. Du willst ja hoffentlich nicht, dass dein Partner seine Wut an dir auslässt, sondern du möchtest dich bei deiner

Hingabe sicher und geborgen fühlen. Die zweite Strategie wirkt zunächst ein wenig geschickter, aber auch dabei kommst du eigentlich nur auf deine Kosten, wenn deine Vorstellung von erotischer Unterwerfung sich darauf beschränkt, so etwas wie eine ergebene Ehefrau beziehungsweise ein Mann zu sein, der unter dem Pantoffel steht. Wenn das wirklich alles ist, was du brauchst, um glücklich zu werden, habe ich keinen Einwand – aber ich bezweifle, dass so jemand einen Ratgeber über SM-Spiele lesen würde.

Beide Strategien haben zwei Schwächen, die miteinander verknüpft sind: Du nimmst deinen Partner damit nicht ernst und vermeidest zugleich ein eigentlich wichtiges Gespräch über deine sexuellen Bedürfnisse. Statt dich deinem Partner in dieser Hinsicht zu öffnen, versuchst du ihn zu manipulieren, damit er so funktioniert, wie du es dir wünschst. Das ist aber keine Beziehung, in der du dich jemandem unterwirfst, sondern das genaue Gegenteil: Du steuerst dann deinen Partner.

Vielleicht kann zumindest die zweite Strategie deinem Partner Appetit darauf machen, dass du sein Diener oder seine Zofe wirst. Wenn ihm das gefallen sollte, kannst du ihm schließlich reinen Wein einschenken und ihm erklären, dass dich so etwas scharfmacht. Auch dann kommst du aber um ein klärendes Gespräch nicht herum. Du hast es nur ein wenig nach hinten verschoben.

Worauf solltest du achten, wenn du dich das erste Mal einem neuen Partner unterwirfst?

Irgendwann wirst du die Entscheidung treffen, dass du jemandem so sehr vertraust, dass ihr euch entweder in seiner oder deiner Wohnung zu einem SM-Spiel trefft. Womöglich wirst du zu diesem Zeitpunkt noch immer ein etwas flaues Gefühl im Magen haben. Du hast bisher zwar gut darauf geachtet, das Risiko für dich zu senken, aber das ändert nichts daran, dass du dich in die Hände eines Menschen begeben wirst, den du kaum kennst. Wird er wirklich nur dein Bestes im Sinn haben? Als wie kompetent wird er sich herausstellen? Wird das Spiel so toll, wie du dir erhoffst?

Hier zeigt sich schon, dass es wieder zwei unterschiedliche Aspekte zu bedenken gilt: deine Sicherheit und dein Lustgewinn durch ein möglichst tolles Spiel. Was deine Sicherheit angeht, gibt es immer noch Dinge, die du tun kannst. Beispielsweise kannst du dich vor deinem ersten Spiel »covern« lassen – was genau das bedeutet, werde ich noch erklären. Du kannst darauf bestehen, dich nicht gleich beim ersten Spiel fesseln zu lassen, sodass du nicht komplett hilflos bist. Du könntest deinem neuen Herrn also auf bestimmte Weise sexuell dienen oder dich auspeitschen lassen, aber deine Bewegungsfreiheit bliebe unbeeinträchtigt beziehungsweise nur durch Befehle eingeschränkt (»Bleib genau in dieser Position stehen, während ich deinen Rücken mit meiner Peitsche verziere.«) Solltest du das vorhaben, teile das deinem Partner am besten frühzeitig mit, damit er nicht ausgerechnet ein ausgefeiltes Bondage-Spiel für euer erstes gemeinsames Mal vorbereitet.

Es ist keine schlechte Idee, generell mit deinem Partner vorab zu besprechen, was er mit dir anstellen wird. Auf diese Weise kannst du ein Spiel vermeiden, von dem du überfordert wärst. Womöglich wird dein Partner dir nicht Schritt für Schritt erzählen, was er mit dir vorhat. Ein gewisser Überraschungseffekt gehört zur emotionalen Wirkung solcher Spiele ja durchaus dazu. Aber gerade anfangs ist es sinnvoll, enge Grenzen abzustecken, in denen sich das Spiel bewegen darf. Es wird dann vermutlich nicht das umwälzendste, ekstatischste Erlebnis sein, das du dir vorstellen kannst, aber das ist auch beim »normalen« Sex mit einem neuen Partner nur selten der Fall. Nehmt euch die Zeit, erst einmal herauszufinden, wie der andere in bestimmten Situationen reagiert, um auf dieser Grundlage weitere Spiele aufzubauen.

In jedem Fall sollte dein Partner informiert sein, wenn du bestimmte gesundheitliche Schwächen hast, die eine Rolle spielen könnten. Erspare deinem Partner, dass du mittendrin einen Asthma- oder einen epileptischen Anfall erleidest und er keine Ahnung hat, wie er jetzt reagieren soll. Zu den Dingen, über die er möglicherweise Bescheid wissen sollte, gehören eine Herzschwäche, Probleme mit den Gelenken, eine Erkältung (Knebelspiele wären dann ungünstig), Kontaktlinsen, eine Kreislaufschwäche, Diabetes, neuralgische Beschwerden, kürzliche Operationen (einschließlich Piercings), Bandscheibenvorfälle, Allergien, Bluthochdruck und besondere seelische Empfindlichkeiten.

Ein letzter Punkt: Bislang ging dieser Ratgeber oft stillschweigend davon aus, dass du ein Neuling in solchen Dingen bist und dein Partner schon weiß, was er zu tun hat. Aber natürlich ist es gut vorstellbar, dass du mit einem Menschen spielen möchtest, der selbst noch wenig Erfahrung hat. Es spricht dann überhaupt nichts dagegen, ihn aus deiner unterwürfigen Position heraus zu unterstützen. Du könntest ihn zum Beispiel respektvoll fragen: »Möchtest du, dass ich deine Peitsche hole?« oder »Soll ich jetzt deine Füße massieren?« Früher oder später wird es deinem Partner schon gelingen, seine Wünsche auch ohne solche Vorschläge zu äußern.

Wie kannst du dich bei deiner ersten Unterwerfung noch besser absichern?

Wenn du die Wohnung eines fremden Menschen für heikle Spiele besuchst oder so jemanden in deine Wohnung hineinlässt, kannst du dich mit einer Prozedur schützen, die in der Szenesprache mit »sich covern lassen« bezeichnet wird. Dafür brauchst du einen guten Freund, auf dessen Zuverlässigkeit du wirklich vertraust und der günstigenfalls auch wissen sollte, auf welchen erotischen Pfaden du unterwegs bist. Vor dem geplanten Spiel gibst du diesem Menschen Bescheid, teilst ihm mit, wo dieses Spiel stattfinden wird und vereinbarst einen Zeitpunkt, zu dem du dich spätestens mit der Nachricht gemeldet haben musst, dass alles in Ordnung ist. Falls diese Entwarnung ausbleibt, ist das für deine Vertrauensperson ein Alarmsignal. Sie muss jetzt entscheiden, ob sie erst einmal selbst telefonisch nachfragen möchte, was los ist, oder augenblicklich die Polizei verständigt.

Falls dein »Schutzengel« die Polizei hinzuzieht, sollte er über möglichst viele Informationen verfügen, die er den Beamten mitteilen kann. Dazu gehören Name und Adresse deines Dates, idealerweise auch ein Foto oder zumindest eine Beschreibung sowie nähere Angaben über sein Auto bis hin zum Autokennzeichen. Du solltest dann allerdings auch in der betreffenden Wohnung bleiben und mit deinem potenziellen Partner nicht spontan einen anderen Ort aufsuchen.

Menschen, die ganz besonders sicherheitsbedürftig sind, vereinbaren mehrere solcher Anrufe: einen direkt nach der Ankunft, einen nach einer halben Stunde, wenn sie sich einen ersten Eindruck von der Situation gemacht haben, einen nach ein oder zwei Stunden, einen kurz vor dem Verlassen der Wohnung und einen eine halbe Stunde danach. Durch eine solche Staffelung verkürzt man zwar die Leidenszeit, bevor im Falle eines sexuellen Übergriffes die Polizei eintrifft, sie wirkt aber womöglich auch etwas überspannt. Und ob du dich ernsthaft in ein

SM-Spiel fallen lassen kannst, wenn du regelmäßig durchgeben musst, dass noch alles in Ordnung ist, ist auch zweifelhaft.

Wie bei so vielen Dingen bleibt auch hier die Entscheidung dir überlassen. Je öfter du den Stand der Dinge durchgibst, desto größer ist natürlich deine Sicherheit. Andererseits kann selbst diese Technik niemals hundertprozentige Sicherheit garantieren. Hier kommt es auf deine Einschätzung deiner individuellen Situation an.

Eine weitere Variante besteht darin, Codewörter zu vereinbaren. Das erlaubt dir, in Gegenwart der Person, mit der du dich triffst, ans Telefon zu gehen und deinem Vertrauten eine versteckte Botschaft mitzuteilen. Beispielsweise könnte der Satz »Du brauchst dir keine Sorgen zu machen« in Wirklichkeit bedeuten, dass die Situation bedrohlich ist. Du kannst auch vereinbaren, dass du auf jeden Fall eine bestimmte Formulierung verwenden wirst, wenn wirklich alles in Ordnung ist. Bleibt sie aus, verrät das, dass die Person, mit der du dich triffst, dir Sätze vorgibt und dich zwingt, sie deiner Vertrauensperson gegenüber zu sagen.

Eine Entscheidung vor der dein Vertrauter steht, die du aber vorher sinnvollerweise mit ihm besprechen solltest, ist, ob er beim Ausbleiben deines Anrufs sofort die Polizei verständigt oder dich zunächst selbst telefonisch zu erreichen versucht. Bei dieser Frage sind sich selbst langjährige SMer nicht einig. Die einen argumentieren, dass man während eines SM-Spiels vor Aufregung Raum und Zeit und die Außenwelt vollkommen vergesse und deshalb nicht mehr an den vereinbarten Anruf denke. Wenn dann plötzlich die Polizei vor der Wohnungstür erscheine, sei das doch eine unangenehme Erfahrung, die ein klärender Kontaktversuch hätte verhindern können. Andere warnen nachdrücklich davor, so zu denken, und argumentieren: Wenn hier tatsächlich ein Sexualverbrecher (oder eine Täterin) aktiv ist, wird diese Person durch einen Anruf lediglich in Panik versetzt. Für Polizeibeamte hingegen gehört es zu ihrem Job, in einer unklaren Situation nachzuschauen, ob tatsächlich alles in Ordnung ist. Es ist nicht viel anders, als wenn man wegen einer unklaren körperlichen Beschwerde zum Arzt geht, damit der mal einen Blick darauf wirft: Etliche Male Fehlalarm sind immer noch besser, als ein kritisches Problem nicht ernst genommen zu haben.

Erfreulicherweise sieht allerdings der Normalfall so aus, dass ein entsprechendes Eingreifen nicht nötig ist. Dann kommt vor allem ein angenehmer Nebeneffekt des Coverns zum Tragen: Du hast das Gefühl der Sicherheit, obwohl du dich einem anderen Menschen auslieferst, und kannst dich ganz deinen Unterwerfungsgefühlen überlassen, statt die ganze Zeit denken zu müssen: »Hoffentlich passiert mir nichts.«

Vielleicht scheust du davor zurück, deinem neuen Spielpartner mitzuteilen, dass du dich auf diese Weise schützen lässt. Du befürchtest, dass er dich dann für übertrieben misstrauisch halten könnte oder sich zurückgewiesen fühlt. Trotzdem solltest du ihn lieber offen informieren. Zunächst einmal dürfte er ja ohnehin mitbekommen, dass du während eures Treffens plötzlich telefonieren musst, und wird sich seinen Teil denken. Darüber hinaus gibt es grob gesagt drei Möglichkeiten: Entweder er ist ein souveräner, erfahrener SMer, dann sollte er diese Technik und ihre Vorteile kennen und sich darüber freuen, dass du in der Lage bist, aktiv für dein Wohlergehen zu sorgen, das ihm vermutlich auch am Herzen liegt. Oder er ist unerfahren und durch dein Verhalten verunsichert, dann ist das eine wertvolle Gelegenheit für ihn, solche wichtigen Dinge zu lernen. Oder aber er hat wirklich Übles im Sinn, dann kommt er vielleicht gar nicht erst auf den Gedanken, das durchzuziehen, wenn er damit rechnen muss, dass plötzlich Polizisten vor der Tür stehen.

Mit seiner Reaktion auf dein Verhalten offenbart deine neue Bekanntschaft womöglich einiges über ihren Charakter. Wenn sie dein Schutzbedürfnis nämlich für albern hält oder sich sogar ernsthaft dadurch gekränkt fühlt, zeigt das, dass sie sich nicht wirklich gut in die Perspektive eines unterwürfigen Menschen einfühlen kann und ihr das eigene Ego wichtiger ist als deine Sicherheit. Das »Covern« dient insofern nebenher als weiterer Test, der dir hilft zu erkennen, mit was für einem Charakter du es zu tun hast.

Zum Schluss: Einige der Tipps, die dir in diesem Kapitel gegeben wurden, klingen eher nach einem Undercover-Einsatz in Verbrecherkreisen als nach den üblichen Ratschlägen für ein gelungenes erstes Date. Deswegen möchte ich noch einmal betonen, dass die allermeisten dominanten SMer alles andere als psychopathische Triebtäter sind. Mitunter stößt man allerdings auch auf Berichte, die besorgniserregend sind. Und da man es einem Menschen oft nicht ansieht, ob er zu den schwarzen Schafen in diesem Bereich gehört, ist es besser, sich mit den Möglichkeiten des Selbstschutzes vertraut zu machen.

Für Menschen unter 27 Jahren, die keine geeignete Vertrauensperson im Freundeskreis haben (etwa weil sie dort nie über ihre Vorliebe für SM sprechen), bietet die Sadomasochistische Jugendgruppe eine professionelle Coververmittlung im Internet an. Du findest sie unter smjg.org/interaktiv/cover. Bevor dein »Schutzengel« zum Einsatz kommt, kannst du mit ihm auch ein Gespräch über die Hintergründe deines geplanten Dates führen, damit er dich individuell beraten kann, was du zu deiner Sicherheit beachten solltest.

Wie schlüpfst du am einfachsten in die Rolle eines »Sklaven«?

Gerade Menschen, für die Unterwerfungsspiele eine neue Erfahrung darstellen, fällt es oft schwer, den Alltag hinter sich zu lassen und in eine neue Welt einzutauchen. Eben waren sie vielleicht noch dynamische Macher in einer verantwortungsvollen Position – und jetzt plötzlich sollen sie in eine Rolle schlüpfen, in der sie widerstandslos alles Mögliche mit sich anstellen lassen.

Von einem Moment zum anderen einfach umzuschalten, als ob man von einer Fernsehserie zur nächsten wechseln würde, ist in der Tat schwierig. Deswegen empfiehlt es sich, zwischen den Abschied vom Arbeitsplatz und den Beginn des Spiels eine Zeitspanne zu schieben, die länger dauert als lediglich der Weg nach Hause. In diese Phase kannst du verschiedene Tätigkeiten legen, die dir helfen, die eine Realität hinter dir zu lassen und in die andere einzutreten.

Wenn dir noch belastende Probleme aus dem Job im Kopf herumspuken, kann es hilfreich sein, dich davon freizumachen, indem du sie tagebuchartig niederschreibst. Oft gelingt es, sich dadurch seelisch von solchen Sorgen zu entlasten. Deshalb wird diese Methode auch empfohlen, wenn man nachts nicht einschlafen kann, weil es einem schwerfällt, vom Gedankenkarussell der Tageshektik abzusteigen.

Vielleicht hilft es dir aber auch, dich vollständig zu entkleiden, dein Sklavenhalsband anzulegen, niederzuknien und dich eine Viertelstunde in deine Rolle als Sklave zu versenken und sie für dich anzunehmen, bevor das Spiel mit deinem Partner beginnt.

Womöglich kommst du auch am schnellsten in die passende Stimmung, wenn du eine Passage aus einer Geschichte liest, die die Situation erotischer Versklavung beschreibt und vielleicht auch aus der

Perspektive eines solchen Sklaven erzählt wird. Die Alternative hierzu wäre, dir einen geeigneten pornografischen Filmausschnitt im Internet anzusehen. Beides kann einen schnell auf das gewünschte Gleis bringen.

Nicht zuletzt ist womöglich ein Gespräch mit deinem Partner die beste Idee, um deine Unterwerfung unter ihn vorzubereiten. Vor und nach jedem Spiel solltet ihr ohnehin eine bestimmte Zeitspanne reservieren, um euch darüber zu unterhalten.

Welche dieser Methoden am besten funktioniert, ist individuell verschieden. Am besten, du probierst die verschiedenen Techniken in Ruhe aus und spürst nach, welche von ihnen für dich am besten funktioniert.

Für welche Methode auch immer du dich entscheidest: Lass dir vor jedem Spiel zusätzlich wenigstens ein paar Minuten Zeit, um etwas zu essen und zu trinken. Andernfalls kann dir während eines Spiels schwindelig und unwohl werden, weil dein Blutzuckerspiegel zu niedrig ist. Natürlich solltest du nicht unbedingt mit wirklich vollem Magen spielen, aber einen Happen zu essen und ein Glas Wasser oder Saft zu trinken ist sinnvoll.

Wie bleibst du in der Sklavenrolle, wenn du mit deinem Partner unterwegs bist?

Viele unterwürfige Menschen genießen es, ihre Rolle als Sklave auch und gerade dann auszuleben, wenn sie mit ihrem Partner außerhalb der privaten Wohnung unterwegs sind – ob auf SM-Partys der Szene oder in der allgemeinen Öffentlichkeit, also etwa bei einem Einkaufsbummel. In ihrem Buch »Come Hither« (Fireside 2000) hat die Sex-Expertin Dr. Gloria Brame eine anregende Liste von Verhaltensweisen zusammengestellt, die es dir erlauben, dich auch außerhalb einer speziell dafür gedachten Session als Sklave zu fühlen. Dazu gehören die folgenden:

- Sprich deinen Partner nie mit seinem Namen an, sondern immer mit dem von ihm gewählten Titel, also etwa »Meister« oder »Herrin«.

- Gehe deinem Partner niemals voraus, wenn ihr einen Raum betretet.

- Wenn dein Partner raucht, sei immer bereit, ihm Feuer zu geben.

- Wenn ihr gemeinsam eine Party besucht, sorge dafür, dass das Glas deines Partners niemals leer wird.

- Wenn dein Partner etwas zu tragen hat, biete ihm an, das zu übernehmen.

- Wenn du in der Nähe deines Partners stehst, stelle dich immer hinter seinen Ellbogen, sodass er immer leicht versetzt vor dir steht.

- Wenn sich dein Partner setzt, gehe nicht einfach davon aus, dass du dasselbe tun darfst. Warte auf seine Erlaubnis.

- Entferne dich nicht ohne Erlaubnis von deinem Partner, weil du beispielsweise etwas Interessantes entdeckt hast.

- Vermeide Formulierungen wie »Ich möchte« oder »Ich hätte gern«. Sag stattdessen etwas wie: »Herrin, darf ich bitte kurz telefonieren?«

- Bedanke dich immer, wenn dein Partner dir irgendeine Erlaubnis erteilt.

- Komm nicht auf den Gedanken, mit anderen Leuten zu flirten, auch wenn du sie sehr attraktiv oder sympathisch findest.

- Streite dich mit deinem Partner niemals in der Öffentlichkeit. Warte damit, wenn immer sinnvoll möglich, bis ihr wieder allein seid.

Auch hier gilt natürlich, dass du Verhaltensweisen, die dir komplett gegen den Strich gehen oder mit denen du nicht zurechtkommst, für tabu erklären darfst. Grundsätzlich ist diese Liste aber eine sinnvolle Orientierung. Je mehr von diesen Verhaltensweisen du verinnerlichst, desto eher dürftest du dich wie ein richtiger Sklave fühlen.

Wie reagierst du am besten, wenn dir ein SM-Spiel plötzlich zu heftig wird?

Was ein sogenanntes »Safeword« ist, habe ich schon in meinem Ratgeber »Die ersten Schritte SM« erklärt. Da ich aber natürlich nicht davon ausgehen kann, dass du dieses Buch ebenfalls besitzt, fasse ich hier noch einmal das Wichtigste dazu zusammen. Darauf werde ich dann einige weitere Überlegungen aufbauen, die speziell für dich als unterworfenen Partner wichtig sind.

Wann immer du eine Unterbrechung oder sogar einen kompletten Abbruch eures Spiels wünschst, zum Beispiel weil du erschöpft bist oder eine deiner Grenzen erreicht ist, kannst – und solltest – du ein »Safeword« benutzen. Dabei handelt es sich um einen Begriff, den du zuvor mit deinem Partner vereinbart hast und der deinen Wunsch nach einer Auszeit signalisiert. Der Vorteil eines solchen Safewords besteht darin, dass es unmissverständlich ist – während das übliche »Nein, bitte nicht!«-Gewinsel oft genug zum Spiel gehört und deinen Partner eher ermuntern soll, noch eine Schippe draufzulegen.

Ein sinnvolles Safeword muss mehrere Kriterien erfüllen: Es sollte kein Wort sein, das dir auch sonst mal im Spiel entschlüpfen könnte, du solltest es dir außerdem gut merken und leicht aussprechen können. Von »Teddybär« bis »Obstsalat« hast du hier also eine riesige Bandbreite zur Auswahl. Du kannst sogar »Safeword« als Safeword benutzen. Und natürlich kannst du mit deinem Partner auch zwei verschiedene Safewords vereinbaren: So könntest du mit dem einen die aktuelle Aktion, beispielsweise ein Auspeitschen, stoppen, woraufhin dein Partner mit etwas anderem weitermachen kann, während du deinen Partner mit dem anderen Safeword aufforderst, das gesamte Spiel abzubrechen.

Wenn ihr Spiele bevorzugt, bei denen du geknebelt bist, könnt ihr euch einen geeigneten Ersatz für ein Safeword einfallen lassen – zum Beispiel ein rhythmisches Blinzeln oder Aufstampfen. Wichtig ist auch hier, dass dieses Signal leicht durchzuführen und eindeutig erkennbar ist.

Viele unterwürfige Menschen verzichten auch auf ein solches Safeword, weil sie das Gefühl haben, sich mit einer solchen Reißleine in der Hand ihrer Unterwerfung nicht komplett hingeben, loslassen und sich fallen lassen zu können. Stattdessen behalten sie mental immer noch einen Rest an Kontrolle. Aber wodurch erkennt ihr Partner dann, dass sie an der Grenze des für sie Erträglichen angekommen sind? In der Regel durch Erfahrung: Sie haben mit leichten Spielen begonnen, die immer intensiver geworden sind. In dieser Zeit hat ihr Partner gelernt, ihre verschiedenen Reaktionen und Verhaltensweisen zutreffend zu interpretieren. Er weiß dann, wie er ein »Nein, bitte nicht!« wirklich zu interpretieren hat und ob das plötzliche Schweigen des unterworfenen Partners zeigt, dass er gerade euphorisch davonschwebt oder er sich in stummem Protest ausklinkt.

Ein Spiel ohne Safeword ist insofern riskanter, aber dafür emotional intensiver. Der Möglichkeit, steuernd in das Geschehen einzugreifen, hast du dich entledigt – erst recht, wenn du auch noch gefesselt bist. Dein Partner entscheidet, was du noch auszuhalten hast und was nicht. Du fühlst dich damit erheblich ausgelieferter. Wenn du so eine Situation überstanden hast, erlebst du aber vielleicht auch umso heftigere Glücksgefühle. Das kann eine erhebendere Erfahrung sein, als belastende Situationen immer wieder abzubrechen, gerade wenn sie schwierig werden, woraufhin deine Ängste ebenso wie dein Gefühl, »versagt« zu haben, immer weiter wachsen. Womöglich findest du ein Spiel, bei dem deine Grenzen nie ausgetestet werden, auf Dauer auch unbefriedigend und öde.

Letzten Endes ist es dir überlassen, ob du lieber mit oder ohne Safeword spielen möchtest. Vielleicht entscheidest du dich auch dafür, dass ihr anfangs ein Safeword verwendet und es irgendwann bleiben lasst, sobald dein Partner deine Reaktionen besser einzuschätzen gelernt hat.

Falls ihr ein Safeword vereinbart, sollte sich dein Partner jedenfalls darauf verlassen können, dass du es in einer kritischen Situation auch benutzt. Vielleicht kommst du in die Lage, dass dir eine Aktion eigentlich zu viel wird, du aber die Stimmung nicht zerstören oder das Spiel nicht kaputtmachen möchtest. Womöglich willst du deinen Partner auch damit beeindrucken, was du alles aushältst. Alles andere wäre für dich ein Zeichen von Schwäche. Deshalb entscheidest du dich dafür, stumm weiterzuleiden. Solltest du dann aber mehr einstecken, als du gut aushalten konntest, kommt es bei dir womöglich zu körperlichen oder seelischen Schädigungen: beispielsweise anhaltende Schmerzen oder Nerventaubheiten oder du verlierst das Bewusstsein. Eventuell entwickelst du auch eine übersteigerte Angst vor einer ähnlichen Situation oder kannst deinem Partner plötzlich nicht mehr vertrauen. Und zu allem Übel kommt dann eventuell auch noch dazu, dass ihr beide euch gegenseitig Vorwürfe macht. Du wirfst dann deinem Partner vor, zu weit gegangen zu sein, und er macht dich dafür verantwortlich, ihm verschwiegen zu haben, dass deine Grenze längst erreicht war.

Mach dir eines klar: SM-Spiele sind kein Leistungssport und kein Wettbewerb. Es geht nicht darum, jemandem damit zu imponieren, dass man mehr aushält als die anderen Partner, die er schon hatte. Dafür sind die Toleranzgrenzen für Schmerz und generell die emotionalen Befindlichkeiten verschiedener Menschen viel zu unterschiedlich. Wesentlich für SM sind stattdessen lustvolle Einvernehmlichkeit (wie bei jeder Form von Sex) und dass keine bleibenden Schädigungen entstehen. Das sind die beiden Dinge, auf die du in erster Linie achten solltest.

Was passiert, nachdem ihr ein Spiel abgebrochen habt?

Wenn du ein Safeword aussprichst, das ihr als Signal dafür vereinbart habt, das Spiel abzubrechen, sollte ein verantwortungsbewusster Partner das augenblicklich tun. Er wird dich fragen, was los ist und wo es Probleme gibt. Wieder liegt deine Aufgabe als Unterwürfiger vor allem in der klaren Kommunikation. Selbst wenn du im Moment ein wenig neben dir stehst, solltest du dich deinem Partner verständlich machen, sodass er alles Notwendige in die Wege leiten kann, damit es dir schnell wieder besser geht.

Wenn du gefesselt bist, wird er dich womöglich losbinden. Dann kannst du auch selbst deinen Teil dafür tun, wieder auf die Beine zu kommen. Darauf komme ich ein paar Seiten später ausführlicher zu sprechen.

Vermutlich steht ihr vor der Entscheidung, ob ihr das Spiel wieder aufnehmen wollt oder nicht. Wenn es dir wirklich übel geht, fällt zumindest diese Entscheidung leicht. Andernfalls ist sie – so wie das Aussprechen des Safewords – deinem Urteil überlassen. Auch hier gilt: Nimm keine größere Belastung auf dich, als du tragen kannst, nur damit dein Partner mit dir als »gutem Sklaven« zufrieden ist.

Auf der psychologischen Ebene ist die Phase, in der du dich jetzt befindest, für viele Sklaven nicht ganz einfach. Das liegt nicht nur daran, dass du das vorangegangene Mini-Trauma bewältigen musst, das dich zum Aussprechen deines Safewords gebracht hat. Häufig fühlen sich Menschen in deiner Situation noch dazu als Versager, weil sie nicht länger durchgehalten haben. Das mag nach allem bis hierhin Erklärten absurd klingen, aber im Laufe von Unterwerfungsspielen »lernt« der Unterworfene schnell, dass das Urteil seines Partners maßgeblich dafür ist, wann es mit einer Aktion genug ist und wann noch nicht. So zu denken wird normal, es geht der unterwürfigen Person in Fleisch und Blut über. Dasselbe kann dir auch passieren. Prompt fühlst du dich nach dem Abbruch einer Session auf deinen Wunsch hin wie ein überempfindlicher Spielverderber.

Hier kommt es darauf an, dir klarzumachen, dass du für dich in dieser Situation die richtige Entscheidung getroffen hast. Es gab keine andere gültige Instanz dafür, ob du dein Safeword aussprechen solltest, als dein Befinden in diesem konkreten Moment. Insofern ist es auch irreführend, sich zu sagen, dass man schon mal mehr ausgehalten hat oder dass andere Menschen mehr einstecken können. Vielleicht haben verschiedene Umstände ja wirklich dazu geführt, dass du in diesem Augenblick nicht in Top-Form warst. Aber das ändert nichts daran, dass diese Situation für dich unerträglich war. Und dann war es richtig, sie zu beenden.

Im Kopf deines Partners können sich nach einem solchen Spielabbruch ganz unterschiedliche Dinge abspielen. Wenn er wirklich verärgert darüber ist, dass du dein Safeword benutzt hast, und dir das auch noch zeigt, ist das ein deutlicher Hinweis darauf, dass für ihn dein Wohlbefinden zweitrangig ist. Wahrscheinlicher aber ist, dass er sich seinerseits Vorwürfe macht, überhaupt so weit gegangen zu sein. Dann wäre es wenig hilfreich, wenn du ihm auch noch ähnliche Vorwürfe machst. Geh lieber vom Besten aus: nämlich, dass ihm einfach die Erfahrung mit deinen Reaktionen fehlte, um zu erkennen, dass du schon dicht an deiner Grenze bist.

Es kann aber auch gut sein, dass alles in bester Ordnung ist – dann nämlich, wenn dein Partner so reif ist, stolz auf dich zu sein und darauf, dass du rechtzeitig die Reißleine gezogen hast. Dadurch hast du nämlich gezeigt, dass du auf dich aufpassen kannst, und deinen Partner daran gehindert, dir schwereren Schaden zuzufügen, als er vorhatte. Ihr beide habt gezeigt, dass ihr einander vertrauen könnt: du durch dein Safeword und dein Partner durch den augenblicklichen Spielabbruch.

Wie gehst du damit um, wenn du im Spiel in einen anderen Bewusstseinszustand gerätst?

Wenn ein SM-Spiel besonders intensiv ist, kannst du darin so sehr versinken, dass du in einen anderen Bewusstseinszustand gerätst. Das passiert keinesfalls immer und sollte auch nicht unbedingt das Ziel solcher Aktionen darstellen, aber es kommt vergleichsweise häufig vor. So häufig immerhin, dass sich hierfür eine eigene Bezeichnung entwickelt hat: Wir sprechen vom sogenannten Subspace.

Hierbei handelt es sich um eine Form von Trance, wie sie auch durch andere Aktionen – etwa langes, insbesondere religiöses Tanzen – ausgelöst werden kann. Man geht davon aus, dass hierfür die Ausschüttung von körpereigenen »Drogen« wie Adrenalin und Endorphine verantwortlich ist. Ein bisschen ist dieser Zustand mit einem Drogen-High zu vergleichen, das entsteht, wenn man sich bestimmte Drogen von außen zuführt.

Es ist von Person zu Person und je nach konkreter Situation verschieden, wie dieser Trancezustand erlebt wird. Zu ihm können beispielsweise folgende Erfahrungen gehören:

- Eine Einengung des Bewusstseins, sodass Sinneswahrnehmungen und bestimmte Reize stärker wahrgenommen werden (beispielsweise Schmerz).

- Dein Ichbewusstsein, also dein Gefühl für deine persönliche Identität, verschwindet. Das kann bedeuten, dass du dich nur noch als Teil oder Werkzeug deines Partners beziehungsweise »Herrn« fühlst. Du tust dann bestimmte Dinge nicht mehr wirklich freiwillig. Allerdings fühlst du dich auch auf positive Weise stärker mit deinem Partner verbunden. Manche berichten von einem Gefühl der fast schon telepathischen Verbindung, bei der sie glauben, förmlich die Gedanken des anderen lesen zu können.

- Die Zeit scheint sich zu verlangsamen und zu dehnen.

- In dir kommen besonders intensive Gefühle hoch.

- Es fällt dir schwer, klar zu denken, geschweige denn, dich klar mitzuteilen. Alles erscheint wie ein Traum.

- Vielleicht fühlst du dich auch besonders sicher, gelassen und geborgen.

Wenn du bis hierhin gelesen hast, stellst du dir vermutlich zwei Fragen: Wie soll ich mich überhaupt in einer Situation »richtig« verhalten, in der ich ziemlich weggetreten bin? Und wie um alles in der Welt äußere ich in dieser Situation mein Safeword?

Das kann tatsächlich ein echtes Problem darstellen. Du bist vielleicht nicht mehr in der Lage, dich an dein Safeword zu erinnern, und erst recht nicht, die richtigen Bewegungen mit deiner Zunge und deinen Lippen zu machen, um es auszusprechen. Vielleicht willst du es auch gar nicht mehr, weil du ja geistig sämtliche Verantwortung an deinen Partner abgegeben hast. Du denkst dir: Wenn er immer noch weitermacht, dann wird das schon seinen Sinn haben. Oder du bemerkst gar nicht, dass du an einem Punkt angekommen bist, wo es kritisch geworden ist.

Eine Frau, die ich für meinen Ratgeber »Lustvolle Unterwerfung« (erschienen im Marterpfahl-Verlag) interviewt habe, schilderte mir ein entsprechendes Erlebnis so:

»Mein Partner und ich erlebten einmal eine Situation, bei der ich nur noch weinte, schrie, mich völlig hilflos fühlte, darauf wartete, dass er abbricht. Er tat es nicht, da ich dann doch auf seine Worte nach einer Zeit reagierte. Wir sprachen natürlich anschließend darüber. Er meinte: Du hättest ja dein Codewort gehabt. Ich erschrak, denn in meiner Panik hatte ich das völlig vergessen. Absolut kein Drandenken!

Es kann also Situationen geben, in denen der Devote so weit abtaucht, dass die Panik alles überdeckt. Da ist dann der Dominante in seiner ganzen Verantwortung gefragt. Kein Leichtes für ihn!

Mein Partner sagte mir, er war angespannt bis zum Letzten, da er ja nicht wusste, was los war. Er war in der Entscheidung: Weitermachen oder abbrechen? Hätte ich auf seine weiteren Worte nicht mehr reagiert, wäre ein Abbruch notwendig geworden. Nur … wie lange wartet der Dominante?

Im Nachhinein war ich froh, dass kein Abbruch zustande kam. Es stellte sich dann im Gespräch heraus, dass ich in ein Kindheitsthema verfiel und ich keine Orientierung mehr hatte, dass ich hier als Erwachsene bin.

Man kann noch so viel vorher miteinander reden, abklären, und trotzdem können verdeckte Dinge mitten im Spiel zutage treten. Meines Erachtens ist das ein ganz wichtiger Punkt, der immer irgendwo im Hinterkopf sein sollte.«

Wenn du so weggetreten bist, dass du euer Spiel nicht mehr beeinflussen kannst, obliegt deinem Partner tatsächlich sämtliche Verantwortung. Auch wenn dein Partner normalerweise seiner Verantwortung dir gegenüber gerecht wird, kann das problematisch sein. Vielleicht hat er nämlich gar nicht gemerkt, wie sehr du dich geistig schon aus der Wirklichkeit ausgeklinkt hat. Das ist vor allem dann denkbar, wenn er sich im Verlauf eures Spiels selbst schon in eine euphorische Hochstimmung gepeitscht hat. (Manche bezeichnen das als »Domspace«, wobei dieser Begriff weit weniger geläufig als »Subspace« ist.) Eine Zeit lang fliegt ihr dann womöglich beide auf Autopilot.

Solange du in der konkreten Situation also wenig tun kannst, um sie zu beeinflussen, gibt es davor und danach vielleicht ein paar Dinge, die sinnvoll sind:

- Wenn du einen solchen Trancezustand zum ersten Mal erlebst, kann er überwältigend sein und nachträglich Angst auslösen: »Was ist da mit mir passiert?« beziehungsweise – da du nicht automatisch sofort nach dem Spiel wieder in deiner gewohnten emotionalen Verfassung bist – »Was geschieht gerade mit mir?« Durch das, was du jetzt darüber gelesen hast, kannst du das immerhin besser einordnen. Vielleicht möchtest du dich aber auch online oder offline mit anderen SMern über ihre Erfahrungen austauschen, damit du merkst, dass du keine große Angst zu haben brauchst. Das kommt alles wieder ins Lot.

- Kurzzeitig kann es dir aber erst mal schlechter gehen, auch weil das durch Adrenalin und Endorphine verursachte Stimmungshoch vorüber ist. Schon nach »normalem« Sex fühlen wir uns ja manchmal ein bisschen niedergeschlagen, wenn er besonders leidenschaftlich war. Das hat dieselbe Ursache. Auch für das Gefühlstief nach SM-Spielen gibt es eine Bezeichnung: »Sub drop« auf Englisch, »Absturz« auf Deutsch. Ich erkläre dir gleich, wie du am besten damit umgehst. Diese Niedergeschlagenheit stellt sich aber nicht zwangsläufig ein. Vor allem, wenn du dir die Zeit nehmen kannst, sanft und in Ruhe wieder von deinem Hoch herunterzukommen, bleibt sie oft völlig aus.

- Wenn du schon mehrere Erfahrungen damit gemacht hast, wie du in der geschilderten Subspace-Situation drauf bist, solltest du deinem Partner mitteilen, wie du dann reagierst, woran er merkt, dass du nicht mehr ganz bei dir bist, und welche Reaktion du dir dann von ihm wünschst. Zum Vergleich: Eine gute Freundin von mir hat gelegentlich epileptische Anfälle: Sie hat uns gesagt, wie wir uns verhalten sollen, wenn das in unserer Anwesenheit passiert, und damit war schon das Wesentliche getan.

Wie gehst du mit einem emotionalen Absturz um?

Ein emotionaler Absturz kann sich auf unterschiedlichste Weise äußern. Mal erlebst du ihn noch im Spiel, mal erst Stunden oder sogar Tage danach. Oft erholst du dich innerhalb weniger Stunden, aber wenn du eine besonders intensive Erfahrung hinter dir hast, hängst du vielleicht sogar noch Wochen später durch. Das alles weist darauf hin, dass es hier nicht ausschließlich um biochemische Prozesse im Zusammenhang mit Endorphinausschüttungen gegangen ist, sondern dass manche Spiele in dir tiefgreifende seelische Vorgänge auslösen können.

Auch die Art, wie sich dein Gefühlsaufruhr äußert, kann ganz unterschiedlicher Natur sein. Vielleicht fühlst du dich depressiv, vielleicht aggressiv. Vielleicht kommst du dir einsam und wertlos vor, vielleicht hast du mit Angstattacken oder Gefühlen heftiger Scham zu kämpfen. Womöglich spürst du auch nur ein leichtes oder stärkeres Unbehagen und weißt selbst nicht genau, woher es kommt.

Diese Reaktionen umfassen deshalb ein so breites Spektrum, weil der psychologische Effekt verschiedener Unterwerfungsspiele bei verschiedenen Menschen zu den unterschiedlichsten Folgen führt. Häufig ist – vor allem bei Neulingen in diesem Bereich – ein nachträgliches Erschrecken darüber, was man im Rausch der Lust alles mit sich hat machen lassen. Wenn du in deinem Alltag normalerweise stolz und selbstbewusst bist, kommst du vielleicht nicht so schnell klar damit, dass du vor einem anderen Menschen wie ein Schwein gegrunzt hast oder dich hast als Kleiderständer und Sitzmöbel verwenden lassen. Sobald du daran zurückdenkst, kommen Scham, Minderwertigkeitsgefühle oder Selbstekel in dir hoch. Vielleicht wirst du auch auf den Menschen wütend, der dich dermaßen vorgeführt hat. Selbst wenn du dir rational klarmachst, dass das alles nur Teil eines gemeinsam vereinbarten Spiels war, das zahllose SMer auf dieser Welt täglich spielen, kannst du das anfangs nicht so leicht verarbeiten.

Ebenfalls recht häufig kann ein Absturz auf jene Weise eintreten, die die oben von mir zitierte Frau berichtet hat: Das erotische Rollenspiel weckt in dir sehr lebhafte Erinnerungen an ein früheres Erlebnis und all die negativen Emotionen von damals steigen in dir prompt wieder auf.

Wie gehst du nun mit diesem Aufruhr der Gefühle um, damit du ihn wieder in den Griff bekommst?

»Leider gib es für Abstürze kein allgemeingültiges Rezept«, teilt mir Chris von der SM-Beratungsstelle Mayday auf eine entsprechende Frage hin mit. »Nicht mal bei gleich gelagerten Situationen. Es kann richtig sein, das Spiel abzubrechen und erst mal vier Wochen in Urlaub zu fahren. Es kann richtig sein, sich den ganzen Tag im Arm zu halten und sich zu versichern, dass das alles nur Spiel und nicht ernst gemeint war. Es kann richtig sein, das Spiel weiterzuführen und so den Partner spüren zu lassen, dass es nur Spiel war. Es kann richtig sein, einen Therapeuten zu suchen, mit einem Freund zu quatschen, was auch immer. Einen Hinweis gibt die Frage: Was tue ich sonst, wenn ich scheiße drauf bin?«

Kontraproduktiv wäre es jedenfalls, wenn du deinen Partner beschimpfen und ihm seine Fehler vorwerfen würdest. Natürlich darfst du ihn kritisieren, aber es wäre angebracht, deinen Respekt und dein Einfühlungsvermögen aufrechtzuerhalten. Schließlich hat dein Partner fast mit Sicherheit deinen Absturz nicht absichtlich herbeigeführt, sondern stattdessen sein Bestes gegeben, um seiner Verantwortung gerecht zu werden und dir mit all seinem Geschick und seiner Kreativität eine lustvolle Erfahrung zu bescheren.

Wenn du es aber ohne Vorwürfe schaffst, ist es sehr sinnvoll, mit deinem Partner zu besprechen, was mit dir weshalb passiert ist und was dabei in dir vorging. Das ist besser, als all deine aufgewühlten Emotionen in dich hineinzufressen und dabei in düsteren Grübeleien zu versinken. Vielleicht magst du dir deine Gedanken und Gefühle auch tagebuchartig von der Seele schreiben. Auch das kann dir helfen, mehr Überblick und Kontrolle zurückzugewinnen. Ein Gespräch mit deinem Partner hat allerdings den Vorteil, dass er in Zukunft besser weiß, worauf er aufpassen sollte.

Darüber hinaus empfehlen nicht nur SMer Bewegung als gut geeignetes Mittel, um Niedergeschlagenheit zu überwinden – insbesondere, wenn du in der freien Natur unterwegs bist.

Langfristig hilft es dir, ein Gespür dafür zu entwickeln, wie es dir zu bestimmten Momenten in einer SM-Session gerade geht. So merkst du rechtzeitig, wenn du auf einen Absturz zusteuerst, und kannst das vielleicht noch rechtzeitig verhindern. Außerdem solltest du an meinen Ratschlag aus einem der ersten Kapitel dieses Buches denken, als ich dir empfohlen hatte, körperlich fit zu sein, auf genug Schlaf zu achten und Drogen zu vermeiden. Wenn du das tust, bist du emotional eher stabil genug, dass ein solcher Absturz dich nicht komplett niederschmettert.

Wie gehst du mit einem emotionalen Absturz deines Partners um?

Nicht nur du selbst kannst durch ein besonders intensives Spiel in eine emotionale Krise geraten. Deinem Partner kann etwas Ähnliches passieren. Auch bei ihm ist womöglich ein Stimmungshoch durch Adrenalin und Endorphine entstanden, das ihn nach seinem Rückgang niedergeschlagen zurücklässt. Auch in ihm sind durch euer Spiel vielleicht heftige Emotionen oder Erinnerungen aufgewühlt worden, und wenn du zum Beispiel dein Safeword verwenden musstest, fühlt er sich unter Umständen schuldig. Aber auch wenn eigentlich alles glatt gelaufen ist, können in ihm Schuldgefühle, Verunsicherung oder ein Widerwillen gegen sich selbst entstanden sein. Er hat dich nämlich gerade eine Zeit lang »misshandelt«, und normalerweise wird uns in unserer Gesellschaft beigebracht, dass Menschen, die so etwas tun, schlecht und verdorben sind.

Hier gilt spiegelbildlich dasselbe, was dir hilft, mit einem eigenen Absturz fertig zu werden: Zwar gibt es kein Patentrezept, weil die Menschen und die möglichen Situationen zu unterschiedlich sind. Aber Reden ist in aller Regel hilfreich und ein einfühlsames Gespräch gehört zu den Dingen, mit denen du deinem Partner tatsächlich helfen kannst. Zeige ihm, dass du von ihm nicht erwartest, der durchgehend kontrollierte Herrscher zu sein, der sich immer überlegen und souverän vollkommen im Griff hat, sondern dass er seine Gefühle zulassen darf. Wenn er während eures Spiels etwas falsch gemacht hat, erinnere ihn daran, dass auch er nicht unfehlbar sein kann. Mache deutlich, was du bei eurem Spiel besonders genossen hast und wovon du in Zukunft gern noch mehr hättest, statt dich auf seine Schwachpunkte zu konzentrieren. Danke ihm dafür, dass er sich die Mühe gemacht hat, dieses Spiel zu gestalten.

Du kannst ihn auch einfach fragen, was er seiner Ansicht nach braucht, um wieder auf die Beine zu kommen, und ihn ein bisschen damit verwöhnen.

Das kann gut geeignet sein, um ihm klarzumachen, dass du ihm keine schweren Vorwürfe machst. Vielleicht reicht es schon, wenn du ihm etwas zu trinken holst oder seinen Nacken massierst.

Übrigens weiß nicht jeder dominante SMer automatisch Bescheid, dass es so etwas wie einen Absturz in dieser Rolle überhaupt gibt. Vor allem wenn er von sich selbst erwartet, ständig unerschütterlich zu sein, trifft das deinen Partner vielleicht völlig unerwartet. Auch wenn es um die Situation nach einem Spiel geht, konzentrieren sich viele Ratgeber darauf, dem »misshandelten« Partner wieder auf die Beine zu helfen. Insofern kannst du deinem Lover schon etwas Gutes tun, indem du ihm klarmachst, dass so etwas häufig vorkommt und kein Grund für besonders große Besorgnis ist.

Falls dein Partner so schwer aus dem Gleichgewicht geraten sein sollte, dass es dir nicht gelingt, ihn wieder aufzubauen, könntest du ihn ermuntern, professionelle Hilfe zu suchen – entweder aus der SM-Szene oder in einer psychotherapeutischen Praxis. Bei einer tiefer gehenden Störung hast du als Laie nur begrenzte Möglichkeiten, diese zu heilen, und richtest vielleicht sogar Schaden an.

Wie sorgst du für dein Wohlbefinden nach einem Spiel?

Es muss natürlich nicht erst einer von euch beiden emotional abstürzen, damit ihr euch nach einem Spiel umeinander kümmert. Im Gegenteil: Eine Form von emotionaler Nachsorge sollte idealerweise zu jedem Spiel dazugehören. In dieser Phase geht es vor allem um drei Dinge:

- Ihr kehrt allmählich wieder in die Wirklichkeit eures Alltags zurück.

- Jeder von euch zeigt dem anderen, dass er ihn sehr mag – auch wenn dein Partner dich soeben emotional oder körperlich misshandelt hat.

- Ihr sprecht miteinander über eure Gedanken, Gefühle und Erfahrungen bei dem vorangegangenen Spiel.

Du merkst schon, dass das alles keine Dinge sind, die man mal eben in fünf Minuten schnell hinter sich bringt. Ihr solltet euch die nötige Zeit dafür nehmen – was bedeutet, dass ihr diesen Zeitraum von

Anfang an einplanen solltet. Es ist ungünstig, wenn einer von euch den anderen unmittelbar nach dem Spiel verlassen muss, um beispielsweise seinen letzten Zug zu erwischen. Allerdings werden auch hierbei die »Regeln« für SM-Spiele durch eure persönlichen Bedürfnisse geprägt. Wenn ihr beide keinerlei Bedarf für emotionale Nachsorge haben solltet – beispielsweise weil ihr beide einen anderen Partner habt und eure Treffen bewusst auf eine reine Spiel-Beziehung beschränken möchtet – dann kann euch niemand dazu verpflichten.

Es kann auch sein, dass ihr euch einfach in der Zeit verschätzt habt oder dein Partner aus überraschenden Gründen doch sofort nach eurem Spiel aufbrechen muss. Dann kannst du dich auch mal eigenständig um deine emotionale Nachsorge kümmern.

Seid ihr aber zu zweit, bieten sich folgende Tätigkeiten an:

- eure Unterhaltung über das Spiel.

- dein Partner versorgt bei dir eventuelle Verletzungen.

- ihr füttert einander.

- ihr knuddelt, badet, duscht, schlaft oder habt Sex miteinander (es sei denn einem von euch bereitet es Unbehagen, unmittelbar nach einem Spiel berührt zu werden).

- Wenn ihr das Zimmer, in dem euer Spiel stattgefunden hat, zuvor ein bisschen umgeräumt habt, damit es seine Zwecke als SM-Schauplatz erfüllt, räumt ihr vielleicht gemeinsam auf. Auch das kann einem helfen, etwas mehr Ordnung in das innere Chaos zu bringen.

Manche SMer stellen sich eine regelrechte Ausrüstung von Dingen zusammen, die ihnen helfen, von einem intensiven Spiel wieder runterzukommen und ihre Erschöpfung eher zu genießen, als sie als Belastung zu empfinden. Auch mithilfe einer solchen Ausrüstung kannst du viele deiner emotionalen Bedürfnisse selbst versorgen. Dazu können folgende Dinge gehören:

- Eine warme Decke zum Einkuscheln, vielleicht mit dem Geruch deines Partners.

- Dicke Socken und andere gemütliche Kleidungsstücke, in denen du dich besonders wohlfühlst.

- Eine Kleinigkeit zum Essen. Intensive SM-Spiele machen oft hungrig und senken deinen Blutzuckerspiegel. Insofern wäre etwas Süßes angebracht. Dabei reicht die Bandbreite von klassischen Süßigkeiten über leckere Proteinriegel (hier sollten zum Beispiel *Bodylab24*, *YIPPIEH!* und *YAMBAM* deine Lust nach etwas Süßem und zugleich Nahrhaftem befriedigen) bis hin zu Früchten.

- Etwas zum Trinken, da man bei SM-Spielen oft auch dehydriert. Womöglich magst du eine Sorte Tee bereitlegen, die dich besonders entspannt.

- Alles, was dazu dient, körperliche Schmerzen und Unannehmlichkeiten zu dämpfen, also zum Beispiel eine Kühlkompresse, Voltaren- oder Arnika-Gel oder sogar Schmerztabletten. Letztere mögen ungewöhnlich wirken, schließlich stehen Unterwürfige ja oft auf Schmerz. Aber vielleicht bist du nur devot und nicht masochistisch, kannst Schmerzen nur im Zusammenhang mit sexueller Lust gut ertragen oder hast durch ein Spiel einfach nur nervige Kopfschmerzen entwickelt, die du gern weghättest.

- Alles, was für dich zu einem wohligen Bad gehört.

- Eine CD mit entspannender Musik.

- Einen Lieblingsfilm oder ein Lieblingsbuch. Letzteres bietet sich an, wenn dein Partner schon aufgebrochen ist oder wenn er ein Nickerchen macht, während du noch wach bist.

Von all diesen Annehmlichkeiten abgesehen ist die Zeit nach dem Spiel aber auch gut geeignet dafür, über eben dieses Spiel zu sprechen: Was hat gut funktioniert und warum? Was hätte man besser machen können und wie? Da das Spiel maßgeblich vom dominanten Partner bestimmt wird, stellt dieses Gespräch zum größten Teil eine Manöverkritik an seiner Führung dar.

Für dich kann das eine verantwortungsvolle Aufgabe darstellen. Einerseits solltest du offen und ehrlich sein und mit Kritik nicht hinter dem Berg halten. Andernfalls besteht die Gefahr, dass sich die Dinge, die du aus Rücksichtnahme nicht angesprochen hast, wiederholen. Du hättest immer weniger Spaß am Spiel und würdest stattdessen insgeheim Ängste und

Aggressionen entwickeln. Schlimmstenfalls würdest du deine Bereitschaft zu solchen Spielen immer mehr reduzieren – und damit ist deinem Partner natürlich auch nicht geholfen.

Sag also ruhig, was du lieber nicht mehr erleben möchtest, aber ohne deinen Partner mit einer Liste von Vorwürfen zu konfrontieren. Versuche solche Vorwürfe, bevor du sie aussprichst, gedanklich lieber in Verbesserungsvorschläge umzuformulieren: »Ich fände es besonders schön, wenn …« oder »Könnten wir nicht mal Folgendes ausprobieren?« sind Formulierungen, mit denen du zukünftige Spiele in eine bessere Richtung steuerst, ohne allzu chefmäßig zu wirken.

In einem solchen Nachgespräch reicht es vollkommen aus, wenn du die Dinge ansprichst, die dir wirklich auf dem Herzen liegen. Eine minutiöse Analyse eurer Gefühle und Reaktionen in jeder Minute würde dem Spiel seinen Zauber nehmen. Zudem würdest du pingelig und undankbar wirken, wenn du jede Kleinigkeit ansprichst, die man deiner Ansicht nach noch optimieren könnte. Ein Minimum an Unannehmlichkeiten gehört zu deiner Rolle dazu, und in einem Spiel, das du durchgehend nach deinem Gusto gestaltest, kannst du keine echte Unterwerfung mehr genießen. Nicht zuletzt möchtest du deinen Partner vermutlich noch dominanter und selbstsicherer im Spiel werden lassen, statt ihn mit einem Übermaß an Kritik zu verunsichern. Wenn du ihm das Gefühl gibst, alles falsch zu machen, nimmst du ihm den Mut, bei den kommenden Spielen den strengen Herrscher zu spielen.

Es ist insofern durchaus sinnvoll, dass ihr euer rückblickendes Gespräch nicht unmittelbar nach einem Spiel führt, sondern vielleicht erst am Tag danach. Direkt im Anschluss an ein Spiel dürftest du oft noch zu aufgewühlt sein, um wirklich konstruktive Kritik zu formulieren. Manches Wichtige kommt dir auch erst in den Kopf, nachdem du dir etwas Zeit genommen hast, diesem Spiel und seiner Wirkung auf dich nachzuspüren. Es wäre schade, wenn es unterginge, weil du unmittelbar nach diesem Erlebnis nicht daran gedacht hast, es anzusprechen. Und auch dein Partner hat am nächsten Tag eher die Gelegenheit, bedachte und reflektierte Antworten zu geben.

Vielleicht nutzt du die Zeit bis zu eurem Nachgespräch auch, um für deinen Partner ein kleines Geschenk zu besorgen, von dem letztlich du am meisten profitierst (ein besseres Schlaginstrument, ein weniger unangenehmes Gleitmittel et cetera).

Achte bei solchen Gesprächen auf jeden Fall darauf, deinem Partner zu zeigen, dass du ihn nicht nur als jemanden betrachtest, der deine erotischen Fantasien Wirklichkeit werden lässt, sondern dass du ihn auch als Mensch sehr schätzt. Das kannst du vielleicht am besten tun, wenn du es nicht nur in Worte fasst, sondern deinem Partner bei diesen Unterhaltungen auch ein Lächeln oder liebevolle Berührungen schenkst.

Wie gehst du mit Verletzungen um, die durch euer Spiel entstanden sind?

Grundsätzlich solltest du lediglich jene Verletzungen eigenhändig behandeln, die lediglich oberflächlicher Natur sind.

Bei Peitschenstriemen und kleinen Schwellungen etwa dürfte es genügen, in den folgenden Stunden immer wieder Eis aufzulegen, wobei eine Umhüllung (etwa ein Plastikbeutel) verhindert, dass das Eis in direkten Kontakt mit deiner Haut gerät. Arnikasalbe kann ebenfalls hilfreich sein. Darüber hinaus solltest du die betroffene Körperstelle möglichst ruhig halten.

Abschürfungen kannst du mit Wasser und einer milden Seife reinigen, eine desinfizierende Jodsalbe oder eine Heilsalbe auftragen und die Wunde mit einem Verband abdecken.

Überdehnten und gezerrten Muskeln tut in der Regel Ruhe gut, außerdem anfangs Behandlungen mit Eis und einem entzündungshemmend wirkenden Schmerzmittel wie Ibuprofen oder Dolormin.

Solltest du eine blutende Wunde erlitten haben, ist es sinnvoll, einen Druckverband aus einem sauberen, keimfreien Material anzulegen und die Wunde mit klarem Wasser zu reinigen, sobald sie aufgehört hat zu bluten. Wenn du ein Schmerzmittel einnimmst, sollte es eines sein, das die Blutgerinnung nicht beeinträchtigt.

Leichte Verbrennungen kannst du kühlen, indem du sie mehrere Minuten unter fließendes kaltes Wasser hältst, bis der Schmerz nachlässt. Ein Wundheilgel oder ein Verband, der die feuchte Wundheilung unterstützt, sind ebenfalls hilfreich.

Bei schwereren Verletzungen oder Verbrennungen würde ich dir raten, einen Arzt hinzuzuziehen. Zwar kann ein Erste-Hilfe-Kurs, den du und/oder dein Partner besucht, einige weitere Grundlagenkenntnisse vermitteln, aber oft sind die denkbaren Schädigungen, die durch SM-Spiele entstehen können, zu speziell, als dass sie alle von den typischen Inhalten eines solchen Kurses erfasst werden könnten. Häufig ist Erste Hilfe ja auch nur für den Übergang gedacht, bis ein Arzt sich das Problem fachmännisch anschauen kann. Bei Schmerzen in der Brust, Atemschwierigkeiten und tauben Gliedmaßen ist es erst recht ratsam, dass sich jemand mit einer fundierten medizinischen Ausbildung die Sache näher ansieht, um schwere Folgeschäden auszuschließen.

Was sagst du, wenn ein Arzt dich fragt, wie deine Verletzung entstanden ist?

Angenommen, du hast tatsächlich deinen Hausarzt oder einen anderen medizinischen Fachmann wegen einer Schädigung aufgesucht, die im Laufe eurer SM-Spiele entstanden ist: Wie verhältst du dich dann, wenn er nach dem Hintergrund dieser Verletzung oder anderweitigen Beeinträchtigung fragt? Berichtest du ihm von deinem ausschweifenden und immer noch in den Augen vieler Mitmenschen »perversen« Sexleben oder behältst du solche Details lieber für dich?

In der SM-Szene gibt es zu dieser Frage durchaus unterschiedliche Auffassungen. Viele SMer vertreten die Haltung: Damit ein Arzt dir wirklich kompetent helfen kann, sollte er so genau wie möglich über die Hintergründe informiert sein, die zu der behandlungsbedürftigen Schädigung geführt haben. Die Wahrscheinlichkeit, dass du einen Arzt heutzutage mit einer Erklärung wie »Mein Freund und ich stehen auf Fesselspiele« noch schockieren kannst, sind gering. Viele Ärzte dürften bizarrere Fälle gesehen haben, bei denen sich Menschen Verletzungen zugezogen haben. Anfang 2018 etwa ging die Meldung durch die Medien, dass es deutschlandweit allein durch Selbstbefriedigung 80 bis 100 Todesfälle pro Jahr gibt. Und um durch Onanieren zu Tode zu kommen sind schon sehr ungewöhnliche Praktiken nötig.

Wenn du deinem Arzt gegenüber auf seine Fragen hin nur herumdruckst und nicht mit der Sprache herausrücken möchtest, weckst du womöglich einen ganz anderen Verdacht als den nach erotischen Rollenspielen bei ihm. Womöglich glaubt er stattdessen, dass du Opfer echter häuslicher Gewalt durch deinen Partner geworden bist.

Zwar kann es dir bis zu einem gewissen Punkt egal sein, welche Fantasien dein Arzt hinsichtlich der Ursache für deine Verletzungen hat. Schließlich geht seine Schweigepflicht in Deutschland sehr weit und darf nur dann gebrochen werden, wenn er glaubt, dass bei dir ernsthafte Gefahr für Leib und Leben besteht. Sollte er einen solchen Verdacht hegen, bringst du ihn aber zumindest in eine Konfliktsituation. Womöglich fordert er dich auf, ihn in diesem Fall von seiner Schweigepflicht zu entbinden. Das brauchst du natürlich nicht zu tun und kannst stattdessen versuchen, deinem Arzt selbstbewusst und nachdrücklich klarzumachen, dass du dich in keiner Gefahrensituation befindest. Aber du könntest auch verhindern, dass er sich solche Sorgen macht und dich in Zukunft immer wieder als potenzielles Gewaltopfer wahrnimmt, wenn du ihm gleich reinen Wein einschenkst.

Das wäre zumindest eine von zwei Sichtweisen, die es zu dieser Frage in der SM-Szene gibt. Eine gänzlich andere Haltung vertritt die sachkundige SM-Gruppe »Datenschlag« in ihrem online veröffentlichten SM-Lexikon. Dort erinnert der Eintrag »Medizin« (allerdings aus dem Jahr 2005) daran, dass es bei vielen Ärzten wohl heute noch ein tief verankertes Misstrauen gegenüber SM-Praktiken gibt, da diese bis in die letzten Jahrzehnte hinein in der Forschungsliteratur oft negativ dargestellt wurden. Wenn du deinem Arzt von deinen entsprechenden Neigungen berichtest, kann es also sein, dass er keineswegs erleichtert, sondern nur umso besorgter ist und dir schlimmstenfalls sogar eine psychotherapeutische Behandlung nahelegt. Vielleicht spürst du auch, dass er dein Liebesleben moralisch verurteilt. Beides könnte eure Arzt-Patienten-Beziehung belasten.

Insofern geben die Fachleute von Datenschlag die folgenden Tipps:

- Kommt es zu einem Notfall, solltest du nicht zögern, einen Arzt aufzusuchen: »Auf die ärztliche Schweigepflicht kann man sich verlassen. Ein Beispiel, wo es durch Ärzte zum Zwangs-Outing eines Sadomasochisten gekommen wäre, ist nicht einmal gerüchteweise bekannt. Der Arzt ist auch offen und detailliert über die vollzogene Praktik zu informieren, auch wenn das für beiden [sic.] Seiten ziemlich peinlich sein kann. Merke: Lieber für ein paar Minuten blamiert als das ganze Leben tot.«

- Ohne guten Grund solltest du deinem Hausarzt nicht von deinen Neigungen berichten. Falls du es aber doch für nötig hältst, solltest du es offen und ehrlich tun.

- Ein selbstbewusstes Auftreten senkt das Risiko von Missverständnissen. Es zeigt, dass du weder Leidensdruck spürst noch behandlungsbedürftig bist. Bei den meisten Ärzten gibt es eine Hemmung davor, Patienten die Notwendigkeit einer Behandlung einzureden, wenn sie sich offenkundig wohlfühlen. Du hast keinen Grund, dich zu schämen. Allerdings brauchst du deinen Arzt auch nicht unnötigerweise mit Details über dein Intimleben zu überschütten, wenn du Grund zur Annahme hast, dass für ihn solche Spielarten fremdartig und eher schwer zu verdauen sind. Zeige dieselbe Toleranz, die du für deine Vorliebe erwartest, für den möglicherweise begrenzten Horizont deines Arztes.

Welche der beiden Fraktionen hat nun recht? Letzten Endes bleibt die Entscheidung – wie fast immer – dir überlassen. Wie schätzt du den Arzt ein, mit dem du es zu tun hast? Wirkt er eher aufgeschlossen oder eher konservativ? Fühlst du dich wohl dabei, ihm Dinge aus deinem Intimleben anzuvertrauen? Handelt es sich um deinen langjährigen Hausarzt oder um einen Arzt, den du leicht wechseln kannst, wenn deine Sexualität bei ihm auf Unverständnis stößt?

Manchmal hast du gar keine andere Wahl, als deinen Arzt ins Vertrauen zu ziehen. Peitschenstriemen auf dem Rücken beispielsweise sind bei einer Ganzkörperuntersuchung unübersehbar. Schlimmstenfalls kannst du dich über das Internet oder gute Sachbücher über SM schlaumachen und darüber, dass die Sexualwissenschaft hier längst nicht mehr von einer Störung spricht. Damit kannst du deinen Arzt zum einen beruhigen – und zum anderen dürfte deine Fachkenntnis in deinem Bereich ihn davon überzeugen, dass es sich wirklich nur um erotische Vergnügungen und nicht doch um gefährliche häusliche Gewalt handelt.

Was tust du, wenn du den Eindruck hast, dass dir eure Beziehung nicht guttut?

Es kann sein, dass du alles »richtig« machst, was dir dieser und andere Ratgeber empfehlen, und trotzdem den Eindruck hast, dass eure Beziehung nicht rundläuft. Beispielsweise könnte dein Partner gegen deinen erklärten Willen immer wieder versuchen, deine Grenzen zu überschreiten, dich auch jenseits des Rollenspiels herablassend und verächtlich behandeln oder andere unschöne Dinge tun, die in solchen Beziehungen nun einmal vorkommen.

SM-Beziehungen sind in solchen Punkten nicht grundsätzlich anders als andere Partnerschaften. Störungen sind hier nur noch etwas brisanter: zum einen wegen des oft herrschenden Machtgefälles, zum anderen weil es den Betroffenen oft noch schwerer fällt, sich mit der Bitte um guten Rat an Außenstehende zu wenden.

Trotzdem gibt es auch hier eine Reihe von Dingen, die du tun kannst:

- Du kannst dich erst einmal selbst sortieren und einen klaren Kopf bekommen, indem du einfach mal niederschreibst, was du von eurer Beziehung erwartest und was du vermisst.

- Auf dieser Grundlage kannst du ein Gespräch mit deinem Partner suchen: ähnlich wie ein Nachgespräch nach einem Spiel, aber grundsätzlicher. Auch jetzt kann es dir helfen, wenn du – statt deinem Partner Vorwürfe zu machen – konsequent mit Ich-Botschaften arbeitest: »Mir geht es nicht gut, wenn das und das passiert …«

- Gib deinem Partner die Gelegenheit, seine Wahrnehmung darzustellen. Gibt es Möglichkeiten, wie ihr euch einigen und einen Weg finden könnt, der euch beiden gerecht wird?

- Unter Umständen solltest du Konsequenzen ankündigen: »Wenn dieses Problem nicht behoben wird, werde ich dies und das tun …«

- Eine dieser Konsequenzen kann in einer kleinen Auszeit bestehen: einer SM-Pause, die euch die Gelegenheit gibt, etwas Distanz und einen neuen Blick auf die Dinge zu gewinnen, weil ihr nicht mehr so stark ineinander verstrickt seid.

- Unter Umständen ist professionelle Beratung sinnvoller als allein herumzudoktern. Eine Paartherapie kann durchaus hilfreich sein: Die Beziehungsdynamiken sind bei SMern nicht wesentlich anders als bei »normalen« Paaren, und du hast auch nicht erst dann das Recht, einen Fachmann um Hilfe zu bitten, wenn du psychisch völlig am Boden zerstört bist. Einen Arzt, der dich bei körperlichen Fragen berät, suchst du ja auch nicht erst auf, wenn du bereits mit einem Bein im Grab stehst.

- Nicht zuletzt helfen dir vielleicht auch die Anlaufstellen der SM-Szene wie die Beratungstelefone von Mayday (maydaysm.de) und des Charon-Verlages (schlagzeilen.com/de/telefonberatung+zu+sm/). Wenn du einfach nur wissen möchtest, wie andere SMer deine Situation beurteilen, findest du viele solcher Menschen wohl am einfachsten in der sogenannten »Sklavenzentrale« (sklavenzentrale.info), der mit über 220.000 Mitgliedern größten deutschsprachigen BDSM-Community. Dort in den Foren oder im Chat kannst du dich mit Menschen austauschen, die ähnliche Vorlieben haben wie du, aber vielleicht ein bisschen mehr Erfahrung mit den typischen Beziehungsproblemen.

Ich wünsche dir, dass du all diese Probleme schnell in den Griff bekommst oder dass sie vielleicht gar nicht erst entstehen. Es ist völlig in Ordnung, wenn du bei erotischer Unterwerfung gern leidest, aber dieses Leiden sollte immer freiwillig, ohne dauerhafte Schädigungen und lustvoll geschehen.

Weitere erotische Ratgeber:

»Die ersten Schritte SM« richtet sich an absolute Neulinge in der Kunst der erotischen Unterwerfung. Wenn du noch nichts oder nur wenig über solche Praktiken weißt und Fragen hast, dann liegst du mit diesem Ratgeber genau richtig. Schritt für Schritt führt er dich in eine ebenso faszinierende wie erregende Welt. Er zeigt dir, wie du am besten vorgehst, damit SM-Spiele für dich und deinen Partner eine großartige Erfahrung werden, die euch beide glücklich macht. Neben vielen Informationen und Tipps findest du auch einen Neigungsfragebogen für SM-Spiele, der dir und deinem Partner hilft, eure Wünsche auf einen Nenner zu bringen.

Herzliche Grüße Arne Hoffmann

Leseprobe:

Arne Hoffmann
Gehorche Sklavin

Jessica studierte die letzten Absätze, die sie in ihren Laptop getippt hatte. Ja, sie ergaben inhaltlich Sinn, waren grammatisch richtig und auch die Fußnoten stimmten. Alles in allem hatte sie ein gutes Gefühl, was ihre Hausarbeit zu dem Hauptwerk von Somerset Maughan anging. So wie sie ihren Professor kannte, war ihr eine weitere gute bis sehr gute Note gewiss.

Sie streckte und räkelte sich und merkte dabei erst, wie angespannt sie in den letzten Stunden hochkonzentrierten Arbeitens gewesen war. Ein Blick auf die Uhr sagte ihr, dass schon fast Mitternacht war. Sie hätte gut Lust gehabt, allmählich ins Bett zu gehen – vielleicht nachdem sie noch mal bei Youtube reingeschaut hätte. Aber sie wusste nur zu gut, dass sie sich das nicht leisten konnte. Diese Hausarbeit würde am nächsten Tag punkt 12:00 Uhr ihrem Professor vorliegen müssen. Das war eines der Dinge, wo er nicht mit sich handeln ließ. Jeder Abgabetermin war für ihn unverrückbar.

Also beschloss sie, nur eine Pause von wenigen Minuten einzulegen, um sich die Beine zu vertreten und in dem winzigen Zimmer des Studentenwohnheims auf und ab zu gehen, in dem sie lebte. Sie ging zum Kühlschrank, nahm eine Packung Traubensaft heraus und schenkte sich ein Glas ein. Damit trat sie zum Fenster und blickte hinaus in die Nacht.

Jessica war ausgesprochen zufrieden damit, wie sich die Dinge für sie in den letzten beiden Jahren entwickelt hatten. Ihr Studium lief glatt und machte Spaß. Darüber hinaus hatte sie einen Nebenjob gefunden, der sie nicht nur finanziell über Wasser hielt, sondern ihr auch einen unproblematischen beruflichen Einstieg direkt nach dem Examen bieten sollte. Und David, ihr Kommilitone, mit dem sie sich seit einiger Zeit traf, war so verständnisvoll und zuvorkommend, wie es sich eine Frau nur wünschen konnte. Endlich einmal schienen alle Dinge in ihrem Leben zu stimmen und sich hervorragend zusammen zu fügen.

Jemand klopfte an ihre Zimmertür. Jessica schreckte zusammen.

Wer mochte das um diese späte Stunde noch sein? Eigentlich kam dafür nur einer der Studenten und Studentinnen infrage, dachte sie, die auf demselben Stockwerk wie sie lebten. Wollte Julian sie wieder zu einer Runde Beer Pong in die Kellerbar einladen? Nein, dazu war es an einem Wochentag wie diesem selbst für Julian zu spät. Hatte Maike vielleicht wieder eine Lebenskrise und musste einfühlsam aufgebaut werden? Tja, wer immer es war, sie würde ihn diesmal enttäuschen müssen. Ihre Hausarbeit und damit die entscheidende Note für das letzte Semester hatten gerade vor allem anderen Vorrang.

Sie öffnete die Tür.

Im nächsten Moment durchfuhr sie ein Schock, der sie reflexartig einen Schritt zurück weichen ließ.

Draußen im Gang stand niemand ihrer Kommilitonen. Es war ein anderes bekanntes, ja allzu bekanntes Gesicht. Bei dem Mann, der da vor ihr stand – schwarze Jeans, schwarzes Hemd und schwarze Lederjacke wie damals – handelte es sich um Eric. Der Mann, mit dem sie eine intensive Beziehung geführt und mehrere Monate vor dem Beginn ihres Studiums beendet hatte.

»Jessica«, begrüßte er sie sichtlich erfreut. »Wie schön, dass ich dich endlich gefunden habe.«

Einen Moment lang wusste sie nicht, was sie sagen sollte. »Äh … hallo«, stammelte sie dann. »Das ist … das ist ja eine Überraschung!«

»Kann ich mir denken. Darf ich reinkommen?«

Jessica war ihre Unsicherheit anzusehen. Erics Besuch passte ihr überhaupt nicht, was keineswegs nur an der absurd späten Uhrzeit lag. Aber sie bekam es nicht fertig, ihm das gerade heraus zu sagen und die Tür einfach wieder vor seiner Nase zu schließen.

Also versuchte sie, sich ebenfalls ein Lächeln abzuringen. »Ja, klar … komm ruhig rein… aber es darf … sorry, es darf nicht zu lange dauern, weil ich habe wenig Zeit, ich muss jetzt dringend noch was bis morgen früh fertig machen …«

Sie biss sich auf die Zunge. Ihr Geplapper klang geradewegs, als ob sie Eric um Entschuldigung bitten musste – statt ihm Bescheid zu stoßen, dass sein Besuch aus heiterem Himmel zu einer derart absurden Uhrzeit absolut unpassend war.

Eric zeig nicht einmal, dass er ihre Worte auch nur zur Kenntnis genommen hatte. Stattdessen stolzierte er in Jessicas Wohnung, wo er sich ungeniert umsah und mit kritischem Blick alles musterte, was er entdeckte.

»Du hast es dir hier ja ganz nett eingerichtet«, stellte er fest. »Nur ein bisschen sehr klein für meinen Geschmack. Für mich wäre das nichts. Würde mich hier wie in einem Käfig fühlen. Aber ich kann mir vorstellen, dass du mit so was viel besser zurechtkommst.« Er bedachte sie mit einem anzüglichen Grinsen.

Jessica merkte, wie sie errötete. Erinnerungen an ihre Zeit mit Eric stiegen in ihr auf: Erinnerungen, die in den letzten beiden Jahren immer mehr verblasst waren, nur um ihr plötzlich wieder plastisch vor Augen zu stehen. Sie beeilte sich, die Tür zum Flur zu schließen.

»Wie hast du … wie hast du mich überhaupt gefunden?« wollte sie wissen. Gleichzeitig ärgerte sie sich über ihre Nervosität und dass Eric ihr anmerken musste, wie sehr sein Erscheinen sie aus dem Konzept gebracht hatte. Sie musste es endlich schaffen, sich mit ihm zu unterhalten, ohne sich bei jedem einzelnen Satz zu verhaspeln und ihn wieder von vorne zu beginnen, verdammt noch mal!

Eric zuckte mit den Schultern, als ob es nicht besonders schwer gewesen wäre, Jessica aufzutun. »Du bist in letzter Zeit öfter in den sozialen Netzwerken aktiv.«

Das stimmte. Nachdem sie sich zu Beginn ihres Studiums abgeschottet und nur auf ihren Stoff konzentriert hatte, war sie in letzter Zeit wieder offener geworden. Vielleicht hatte Eric schon früher versucht, sie wiederzufinden und es nur nicht geschafft? Jetzt aber hatte er sogar irgendwie ermittelt, auf welchem Stockwerk und in welchem Zimmer sie wohnte. Das musste alles andere als einfach gewesen sein.

Sie beschloss, ihn gerade heraus zu fragen, was er eigentlich wollte. »Warum bist du hier? Was führt dich zu mir?«

Lächelnd musterte er ihr Gesicht. »Ich wollte mal schauen, wie es dir inzwischen geht. Was du aus dir gemacht hast. Schließlich habe ich gar nichts mehr von dir gehört, obwohl wir damals doch eine sehr … enge Partnerschaft hatten.«

Jessicas Herz raste in ihrer Brust. Sie verspürte den starken Drang, den ungebetenen Besucher einfach aus ihrem Zimmer zu verbannen – aus ihrem gesamten Leben, das sie so wunderbar in Ordnung gebracht hatte. Aber sie ahnte, dass das keineswegs leicht werden würde. In ihrer Beziehung war es immer Eric gewesen, der sich mit seinen Forderungen durchgesetzt hatte.

Allerdings nicht ohne Grund, wie sie sich erinnerte. Mit seinem dominanten Verhalten hatte er immer schon eine starke Ausstrahlung auf sie ausgeübt. Auch jetzt spürte sie, wie seine Gegenwart ein Kribbeln in ihr auslöste: ein Kribbeln, das ihren gesamten Körper durchzog, allerdings in dessen Mitte, Jessicas Schoß, besonders intensiv war. War es denn wirklich möglich, dass er in ihr dieselben Gefühle entfachte wie vor über zwei Jahren, als ob sich seitdem überhaupt nichts geändert hätte?

Sie bemerkte, wie intensiv Eric sie ansah, während er auf ihre Antwort wartete. Unter seinen Blicken fühlte sich Jessica wieder vollkommen nackt – so als ob er in der Lage war, einfach so durch ihre Kleidung hindurch zu sehen, was er sich auch als ein selbstverständliches Recht heraus nahm. In dieser Hinsicht unterschied er sich von fast allen ihren Kommilitonen, die interessiert zu ihr hin und dann verlegen schnell wieder weg sahen, sobald sie merkten, dass Jessica ihren Blick wahrgenommen hatte.

Sie fuhr sich mit der Zunge über die Lippen. »Mir geht es sehr gut, danke. Mein Studium macht mir Spaß, und ich bin dabei erfolgreich. Das war eindeutig das richtige Fach, für das ich mich entschieden habe. Und es gibt auch wieder … wieder einen anderen Mann in meinem Leben..«

Eric nickte. »Es freut mich, dass es mit deinem Studium gut läuft. Aber Jessica …«

»Was?«

»Ich hab es akzeptiert, als du damals unsere Beziehung beenden wolltest. Aber weißt du – ich habe dir niemals erlaubt, mich nicht mehr ‚Herr' zu nennen, wenn du dich mit mir unterhältst.«

»Wie bitte?« Jessica glaubte einen Moment lang fast, sich verhört zu haben. Eric konnte unmöglich davon ausgehen, dass sie immer noch … aber so wie er sie ansah, machte er ihr unmissverständlich klar, dass er immer noch dieselben Ansprüche auf sie erhob wie damals.

Aber das ging doch nicht! Er konnte doch nicht einfach in ihrem neuen Leben vorbei geschneit kommen und so tun, als ob er immer noch so über sie verfügen könnte wie damals!

Aber noch während sie das dachte, spürte Jessica tief in sich, wie sie diese Vorstellung erregte. Zugleich merkte sie, dass sie die Art ihrer Beziehung mit Eric in den letzten beiden Jahren immer wieder vermisst hatte. Das alles verwirrte sie und machte es ihr schwer, die passende Reaktion zu finden – zumal sie dafür nur wenige Sekunden Zeit hatte.

Ihr Atem ging schneller. Dann rang sie sich zu einer Entscheidung durch, von der sie im selben Moment befürchtete, sie noch zu bereuen. »Es tut mir leid, Herr«, sagte sie in unterwürfigem Ton.

Ein Schauer strich ihr über den Rücken, als sie sich diese Worte aussprechen hörte. Gleichzeitig verstärkten sich die lustvollen Gefühle zwischen ihren Schenkeln stark. …

GRATIS

Um diese heiße Story (16 Seiten)
von Arne Hoffmann weiter zu lesen,
füllen Sie einfach die beiliegende
Postkarte aus oder
geben Sie folgenden Code
»AH3TBTSWJ«
im Internet auf www.lebe.jetzt ein.

Weitere erotische Ratgeber:

Einen geliebten und sexuell begehrten Menschen zum perfekten Sklaven abrichten: Muss das ein erotischer Wunschtraum bleiben oder kann man diese Fantasie in die Wirklichkeit umsetzen? Dieser Ratgeber erklärt Schritt für Schritt, wie es geht - ohne dass es zu Missbrauch kommt und der unterwürfige Partner unfreiwillig leiden muss. Zahlreiche Tipps und Vorschläge zeigen dir, wie konsequente Erziehung im wahren Leben funktioniert.

Herzliche Grüße Arne Hoffmann

Weitere erotische Ratgeber:

Seile, Knebel, Augenbinden und Handschellen: Fesselspiele gehören zu den aufregendsten Möglichkeiten, heißen Sex zu genießen. Dieser Ratgeber informiert dich über die Wahl der Materialien, über die besten Techniken und Stellungen und worauf du achten solltest, damit dabei nichts schiefgeht: von den allerersten Schritten bis zu ausgefeilteren Praktiken wie Abbinden von Brüsten, Mumifizierung sowie mentale Bondage und Predicament Bondage.

Herzliche Grüße Arne Hoffmann

Weitere erotische Ratgeber:

Eine sinnliche Massage kann eine der beglückendsten sexuellen Aktivitäten sein, die es gibt. Wenn man dann noch die besten Tricks, Griffe und Techniken beherrscht, um lustvolle Gefühle zu erzeugen, wird daraus ein geradezu himmlisches Erlebnis. Dieser Ratgeber verrät dir eine Unmenge an Tipps, aus denen du dich nur noch zu bedienen brauchst: Du wirst lernen, wie du die ideale Atmosphäre erzeugst, welche Körperzonen du auf welche Weise berühren kannst, um deinen Partner besonders heftig zu erregen, und wie du dafür sorgst, dass auch du diese Massage bis zu ihrem Höhepunkt genießt.

Herzliche Grüße Arne Hoffmann

Erotische Geschichten von www.blue-panther-books.de:

LESEPROBE:

LEILA ROBINSON

JUNG! SCHÖN! DEVOT!

EROTISCHER SM-ROMAN

… Wir haben miteinander telefoniert, und er fragte, ob ich mir immer noch sicher sei, einen Ausflug mit ihm in diese Welt zu wagen, ich zögerte nicht und versicherte ihm, dass ich das wolle.

Er bedankte sich für mein Vertrauen, versprach mir, dass mir nichts passieren würde, er gut auf mich aufpasst, fügte aber nach einer kurzen Pause hinzu: »Du wirst vielleicht erschrocken sein nach diesem Abend, entweder weil es dich abstößt oder weil es ungeahnte Gefühle und Dinge in dir freisetzt, mit denen du nicht gerechnet hast. Lass dich von mir führen.«

Damit machte er mir fast ein bisschen Angst, aber das sagte ich ihm nicht, ich sollte um acht bei ihm sein und … ähm, ja …ohne Unterwäsche auftauchen …

Luna atmete hörbar ein, nun wurde es ernst, sie wusste gar nicht, ob sie noch mehr von Sina hören wollte, gab sich dann aber einen Ruck. Sie wollte ihr einfach nicht vor den Kopf stoßen.

»Erzähl weiter, ich bin ganz Ohr«, versuchte sie es locker.

»Als ich damals also bei seiner Wohnung ankam, war die Tür offen, auf der Fußmatte lag ein Umschlag mit meinem Namen, nicht irgendeiner – der Umschlag wie das Papier waren richtig schick, ganz fest, die Schrift war in tiefblauer Tinte geschrieben. Es befanden sich zwei Seiten darin, auf der ersten standen einige Anweisungen.«

Luna hörte gebannt zu.

»In dem Brief stand: Du wirst den Flur entlang zu dem letzten Zimmer gehen, die Tür steht offen, dort wirst du etwas auf dem Sessel finden, und du wirst nur dieses ‚Stück'« tragen, nichts anderes. Danach begibst du dich zurück in das erste Zimmer des Flures.

Ich betrat also das Zimmer, das Licht war gedämpft, der Sessel stand in der Mitte des Raumes, in dem deckenhohe Bücherregale standen – eine Art Bibliothek. Ich wusste, dass er leidenschaftlich gern las.

Auf dem Sessel lag ein lila Samttuch, ich zog mich aus und legte es mir um den Hals, locker über meine Schultern, um etwas meine Brust zu bedecken.

Ich atmete tief durch, mir war flau im Magen, und doch war es kein unangenehmes Gefühl.

Langsam ging ich den Flur zurück und stand vor dem besagten Zimmer, da viel mir ein, dass noch ein zweiter Bogen Papier in dem Umschlag war. Ich zog ihn heraus, ein einziges Wort stand darauf: Topas – ein Stein.

Ich runzelte die Stirn, etwas verwirrt, was ich damit anfangen sollte, und schob ihn zurück in den Umschlag.

Zitternd legte ich meine Hand auf die Türklinke, ließ sie kurz darauf ruhen. Das kalte Metall brannte schon fast in meiner Hand, ich drückte die Klinke hinunter und betrat den Raum. Außer einigen Kerzen war es fast dunkel, ich sah mich um, konnte Marc aber nirgends entdecken.

»Stell dich in die Mitte, ich möchte dich anschauen«, vernahm ich seine Stimme aus der hinteren

Ecke des Raumes. Ich tat, was er gesagt hatte. Obwohl ich sein Wohnzimmer kannte, wirkte es völlig fremd auf mich, das gedämpfte Licht veränderte die Atmosphäre völlig.

Ich konnte nun erkennen, dass er auf einem Stuhl saß, ein Glas Wein in der Hand und mich ernst aber sanft ansah.

»Ich gebe dir nochmal die Möglichkeit zu entscheiden, ob du dich wirklich auf dieses Abenteuer einlassen möchtest, wenn ja, musst du mir einfach vertrauen. Ich werde gut auf dich achtgeben! Hast du dir das Wort gemerkt, das auf dem Zettel stand?!«

»Ja – Topas«, meine Stimme bebte.

»Mit diesem Wort kannst du mir jederzeit signalisieren, dass du nicht weitergehen möchtest, es ist das Zeichen für mich, nicht weiterzumachen. Ich werde das Spiel ohne zu zögern sofort abbrechen. Es ist dein Safeword.«

Ich glaube, ich habe nur stumm genickt und darauf gewartet, was als nächstes passiert.

Er stand auf, stellte sein Glas ab und kam auf mich zu, ging um mich herum. Als ich ihn ansehen wollte, befahl er mir, nach vorne zu schauen. Ich spürte, wie er hinter mir stehen blieb und begann, mir das Tuch von den Schultern gleiten zu lassen.

Sanft berührte er meine Ellenbogen, die Unterarme und endete an meinen Handgelenken, wo er plötzlich verharrte.

»Ich habe dir gesagt, du sollst nur dieses Tuch tragen.« Seine Stimme hatte sich verändert, sie war nun dunkler und bestimmter. Ich dachte an den Armreif, den ich immer trug und schluckte.

»Du wirst genau sein müssen, wenn du meinen Anweisungen folgst, merk dir das!«

Er nahm das Tuch, legte es auf den Tisch und schaute mich eine Weile einfach nur an. Ich wurde etwas nervös unter seinem Blick, wobei ich nicht wusste, warum. Wir hatten uns schon oft nackt gesehen, aber nun war ich es und er nicht, das veränderte alles ….

Nach einer gefühlten Ewigkeit kam er wieder auf mich zu und blieb erneut hinter mir stehen, seine Finger strichen meinen Nacken entlang, ich bekam sofort eine Gänsehaut, und ein wohliger Schauer lief mir über den Rücken.

Einen kurzen Moment war seine Berührung verschwunden, dann merkte ich, wie er mir etwas um den Hals legte, ein jäher Anflug von Angst überkam mich.

Er hielt inne, sprach sanft auf mich ein.

»Denk daran, du musst mir lediglich vertrauen! Ich würde dich nie in Gefahr bringen.« Mir schossen tausend Dinge durch den Kopf. Hatte ich mich getäuscht? War er ein Verrückter, dem ich auf den Leim gegangen war?

Mir schlug das Herz bis zum Hals.

Er setzte seine Bewegung fort, und ich spürte, wie er mir eine Kette, nein, eher ein Band umlegte und es im Nacken schloss. Er nahm meine Hand und trat vor mich, um mich direkt anzuschauen.

Ein Lächeln lag auf seinen Lippen. »Das hast du gut gemacht, ich bin stolz auf dich! Weißt du, was ich dir um den Hals gelegt habe?« Ich schüttelte nur mit dem Kopf, ich hatte zwar eine Ahnung, aber sicher war ich mir nicht.

»Das ist ein Halsband, das ist ein Symbol dafür, dass du auf diese spezielle Art und Weise zu mir gehörst. Natürlich musst du es nicht immer tragen, aber ich wollte dir einmal das Gefühl geben, wie es ist, wenn ich es dir anlege.«

***

Auf der Fahrt zu ihrer Wohnung unterhielten sie sich über alles Mögliche, Sina schaute ihn gerne so von der Seite an.

Und noch viel lieber mochte sie diese kleinen

Machtspiele im Alltag.

Den Nervenkitzel, wenn er plötzlich auf etwas reagierte, was sie getan oder gesagt hatte, den Ausdruck, den seine Augen dann hatten. Aber am meisten liebte sie das Gefühl, das es in ihr auslöste, ein unglaubliches Kribbeln, das ihr regelmäßig bis in die Leistengegend zog.Sie flitzte schnell in ihre Wohnung, tauschte Unikram gegen neue Klamotten und alles, was sie brauchte, und stieg wieder ins Auto.

»Hast du eigentlich am Wochenende mit Luna quatschen können? Du wolltest ihr doch von uns erzählen.« Er grinste.

Sina musste lachen. »Ja, das habe ich, und ich glaube, ich habe sie damit ziemlich beschäftigt. Gestern war Kim bei ihr, mit ihr hat sie sich auch unterhalten. Ich schätze, sie wollte noch eine weitere Sicht auf die Dinge.«

Marc nickte. »Kann ich verstehen, aber wenn sie sonst ganz cool reagiert hat, ist das doch schön. Siehst du, du hättest dir gar nicht erst so Gedanken machen müssen.«

»Das konnte ich ja vorher nicht wissen …«

Sie waren bei Marc angekommen, er stellte den Wagen ab, und sie gingen ums Haus herum. Der Eingang zu seiner Wohnung lag im Garten, das hatte

Sina beim ersten Mal, als sie hier war, schon toll gefunden.

Sie betraten die Wohnung und Sina marschierte Richtung Badezimmer, um zu duschen und sich für das bevorstehende Essen fertig zu machen.

»Nicht so schnell, Fräulein«, hörte sie seine Stimme hinter sich.

Sie blieb augenblicklich stehen, drehte sich um und schaute ihn an.

»Ich glaube, wir sollten nochmal über deinen Witz vorhin im Auto sprechen, oder eher darüber, dass du dich so köstlich amüsiert hast.«

Sie blickte zu Boden, rührte sich nicht und wartete darauf, dass er weitersprach.

»Da du duschen willst, solltest du dich schon mal ausziehen.« Er hatte es sich auf dem Sofa gemütlich gemacht und schaute sie erwartungsvoll an.Also begann sie sich zu entkleiden und lächelte dabei in sich hinein, denn sie wusste, dass ihn das mindestens genauso erregte wie sie.

Langsam zog sie ihren Pullover über den Kopf und legte ihn auf den Schrank neben sich, ihr T-Shirt folgte. Nach und nach öffnete sie die Knöpfe ihrer Jeans, dabei spürte sie bereits das vertraute Gefühl in ihrer Magengegend, das sich bis in ihr Becken ausbreitete. Ihr Puls beschleunigte sich alleine bei den Gedanken daran, was er wohl mit ihr machen würde, also zog sie ihre Jeans über den Po

und schob sie bis zu den Füßen hinunter. Dort entwirrte sie etwas unbeholfen ihre Hose samt Socken, legte alles beiseite. Nun stand sie nur noch in BH und Slip dort, trotzdem war ihr mehr als warm.

»Weiter«, der Ausdruck in seiner Stimme war unmissverständlich. Sie öffnete den BH, ließ ihn fallen, schob ihre Hand unter das Bündchen ihres Tangas und rückte ihn zurecht. Es lag eine Spannung in der Luft, die fast greifbar war, ihr Atem ging nun auch schneller, als sie bemerkte, dass sie bereits feucht war.

Schnell zog sie den Slip aus, als sie seinen ungeduldigen Blick bemerkte.

Er stand auf und verließ den Raum, ohne sie weiter zu beachten. Sie hasste es, wenn er das tat. Sie mochte es nicht, ignoriert zu werden, eine der Strafen, die sie am meisten traf. Plötzlich stand er wieder hinter hier, sie hatte seine Schritte nicht hören können, aber sie spürte die Wärme, die er ausstrahlte.

»Streck deine Hände nach vorne«, er ging um sie herum und nahm eines ihrer Handgelenke, um ihr eine schwarze Lederfessel anzulegen. Dasselbe tat er an der anderen Seite.

Fast automatisch legte sie die Hände auf den Rücken, mit einem Karabiner befestigte er beide aneinander und schob sie daran hinaus aus dem Wohnzimmer in die Küche. »Du wirst dich jetzt nach vorne lehnen, bis du mit dem Oberkörper auf dem Tisch liegst«, befahl er ihr.

Sie tat, was er verlangte. »Beine auseinander«, mit einer schnellen Bewegung schob er mit seinem Knie ihre Beine auseinander. Erneut verließ er den Raum, doch sie wagte es nicht, sich zu bewegen, wusste sie doch, dass er jederzeit zurückkommen könnte.

Sie hatte den Gedanken noch nicht gefasst, da hörte sie, wie er hinter sie trat und sie langsam zu streicheln begann, er fuhr über ihren Rücken, den Po und schob fordernd seine Hand zwischen ihre Beine.

*... **Als Buch & E-Book im Handel** ...*